AF269820

WABI SABI
para la vida cotidiana

NOBUO SUZUKI

WABI SABI
para la vida cotidiana

EDICIONES OBELISCO

Si este libro le ha interesado y desea que le mantengamos informado
de nuestras publicaciones, escríbanos indicándonos qué temas son de su interés
(Astrología, Autoayuda, Psicología, Artes Marciales, Naturismo,
Espiritualidad, Tradición…) y gustosamente le complaceremos.

Puede consultar nuestro catálogo en www.edicionesobelisco.com

Colección Espiritualidad
WABI SABI PARA LA VIDA COTIDIANA
Nobuo Suzuki

1.ª edición: noviembre de 2020
2.ª edición: abril de 2024

Corrección: *M.ª Jesús Rodríguez*
Diseño de cubierta: *Enrique Iborra*

© 2020, Francesc Miralles www.francescmiralles.com
& Hector García www.krainet.com
(Reservados todos los derechos)
© 2020, Ediciones Obelisco, S. L.
(Reservados los derechos para la presente edición)

Imagen original página 69: https://freesvg.org/dharmachakra-religious-sign-
vector-drawing. Derechos: Public Domain
Imagen original, página 70: https://commons.wikimedia.org/wiki/File:Hon%27ami_
Koetsu_Fujisan_1.jpg. Derechos: foto de dominio publico, tomada en 1937.

Edita: Ediciones Obelisco, S. L.
Collita, 23-25. Pol. Ind. Molí de la Bastida
08191 Rubí - Barcelona - España
Tel. 93 309 85 25
E-mail: info@edicionesobelisco.com

ISBN: 978-84-9111-643-1
Depósito Legal: B-14.809-2020

Impreso en los talleres gráficos de Romanyà/Valls S. A.
Verdaguer, 1 - 08786 Capellades - Barcelona

Printed in Spain

Prólogo de Héctor García

Recuerdo claramente la primera vez que escuché la expresión *wabi sabi*. Fue hace quince años en un programa de televisión japonés al que acudí en directo. Estaba muy nervioso al principio de la entrevista, pero pronto vi que podía seguir las preguntas y responder con mi nivel de principiante en el idioma.

Hasta que el presentador me soltó:

—¿Qué opinas sobre *wabi sabi*?

¡No tenía idea de qué era *wabi sabi* y estaba en la televisión en vivo! No podía sacar mi teléfono y buscarlo. Después de una breve e incómoda pausa, respondí algo que no tenía nada que ver. Era obvio que no había entendido la pregunta.

La vergüenza que sentí tras esa experiencia me llevó a indagar acerca del *wabi sabi* y del arte japonés en general, una aventura que continúa hoy día. Sin duda, el *wabi sabi* es una de las mejores cosas que he aprendido de los japoneses, y ha tenido un poderoso efecto sobre quién soy hoy día como persona y en mi visión del mundo.

Después de aquel fiasco, pregunté a todos mis amigos japoneses, a mis compañeros de trabajo, a mi novia: «¿Qué es el *wabi sabi* para ti?», «¿Qué opinas sobre el *wabi sabi*?».

Transcurrido un tiempo, me di cuenta de que no había dos respuestas iguales, pero todas tenían algo en común: la vida y el mundo en el que vivimos se caracterizan por la imperfección y la impermanencia de todas las cosas.

Entonces me di cuenta de que *wabi sabi* va mucho más allá de la estética. Tiene que ver con la vida, con el ser humano e incluso con el universo. Se trata de aceptar la naturaleza efímera de todas las cosas. El *wabi sabi* es un tejido invisible que interconecta el arte japonés, su estilo de vida, la arquitectura, la historia, la filosofía, las religiones propias del país, el comportamiento de la sociedad y la mentalidad.

El pensamiento occidental, sobre todo en los tiempos actuales, nos empuja a buscar la perfección en todas las cosas, con la esperanza de que eso nos llevará al éxito y la felicidad. En su libro, Nobuo Suzuki nos ayuda a reflexionar profundamente sobre esta idea errónea para el arte de vivir.

Sus palabras me han ayudado a descubrir que la perfección ni siquiera existe para empezar; es sólo una ilusión de la imaginación humana (y de las matemáticas, tal vez).

El *wabi sabi* es la esencia misma de la realidad, porque la perfección no existe.

Al bañarme en esta sabiduría, logré experimentar Japón con otros ojos. Comencé a mirar los cuencos japoneses con fascinación en lugar de indiferencia, como había hecho mi yo más joven. Ahora disfrutaba y admiraba mucho más sus jardines, los haikus, la cerámica tradicional, el ikebana y la arquitectura.

Y ese cambio en mi pensamiento y percepción no se limitó a Japón y a su cultura. Al viajar de regreso a Europa, sentí un renovado interés por todo tipo de arte, pero también por las personas, por los diferentes estilos de vida y por mi familia y amigos con sus maravillosas imperfecciones. De repente, todo había adquirido un nuevo valor para mí.

En retrospectiva, hay algo que me parece gracioso: la vergüenza que había vivido en el estudio de televisión no tenía ningún sentido, ya que el *wabi sabi* realmente no se puede explicar. Así que mi respuesta, cualquiera que fuera, probablemente era «correcta».

Ahora sé que está bien ser imperfecto, está bien no saber algo (incluso cuando te preguntan en un show televisivo en directo).

Wabi sabi para la vida cotidiana es una hermosa exploración que va desde los principios básicos de esta filosofía a su significado más profundo en todas las facetas de la vida. Este libro no pretende ofrecer una explicación definitiva del *wabi sabi*, ya que eso iría en contra de la esencia misma del concepto, pero hará que quieras sumergirte en su filosofía, y así cambiar para siempre la forma en que piensas y sientes el mundo, además de ti mismo.

Tras leer este libro, me he vuelto más consciente de la belleza de la imperfección en cada momento de mi día a día: mientras trabajo e interactúo con los demás, cuando camino en la naturaleza o por la ciudad, incluso cuando no estoy haciendo nada en concreto.

Asimismo, soy más consciente del dolor que sufrimos al vivir de espaldas a la esencia *wabi sabi* del mundo, tratando de perfeccionar nuestras vidas, de escalar «más alto», de conseguir «mejores» trabajos, «mejores» casas, «mejores» rutinas. En definitiva, «mejor» todo.

En el mundo de hoy, estamos infectados con pensamientos como: «Perdí la oportunidad de lograr esto o aquello», «No estoy avanzando lo suficiente», «Nunca seré tan bueno como…», y de esta manera nos amargamos, convencidos de ser inadecuados e indignos.

Nada de esto es real. Somos seres hermosos cuyas metas y expectativas han sido deformadas por aspiraciones absurdas. ¿Por qué apuntar a una perfección que ni siquiera existe?

El *wabi sabi* nos enseña a estar bien con lo que somos y con lo que tenemos en este momento. Sin embargo, eso no nos redime de la responsabilidad de esforzarnos por ser mejores personas y más vivas. De hecho, una vez asumimos la belleza de la imperfección, avanzamos todos los días, paso a paso, mejorando y descubriendo la esencia de quiénes somos realmente, conectados a nuestro *ikigai*.

Liberarte de expectativas poco realistas para así vivir mejor y progresar es una de las muchas cosas que aprenderás en las páginas de este libro.

Ciertamente, ahora sé más sobre *wabi sabi* que cuando escuché el término por primera vez hace quince años. Pero también puedo decir que cuanto más conozco esta filosofía, más profundamente resuena dentro de mí, invitándome a ser más genuino y auténtico.

Este libro me ha llevado a algunos lugares nuevos en mi viaje a través de este concepto iluminador. Su perspectiva refresca mi entusiasmo por la magia de estar vivo en el mundo tal como es, dándome permiso para ser yo mismo.

Me ha enseñado de manera muy clara cómo la filosofía *wabi sabi* es una guía para vivir con más ligereza y naturalidad.

Gracias a este libro he aprendido a amar mi yo imperfecto, nuestro mundo imperfecto, apreciando su belleza para hacerlo aún más hermoso. El libro de Nobuo Suzuki va a iniciarte de forma brillante en ese camino.

Espero que disfrutes leyéndolo tanto como yo.

HÉCTOR GARCÍA
Tokio, junio de 2020

La magia de la imperfección

Se cuenta que, en un monasterio zen de Japón, el monje al cargo del jardín tenía una singular costumbre. Cuando barría las hojas de otoño del camino de piedra, justo antes de retirarse al interior de la casa, dejaba caer una hoja al suelo.

¿Por qué lo hacía?

Por un lado, porque los propios árboles no tardarían en manchar su camino con nuevas hojas doradas. Por el otro, porque el ideal japonés de belleza no busca la perfección, la uniformidad, la simetría exacta, sino la naturalidad, la belleza que transmite una hoja caída en el jardín vacío de un monasterio zen.

Uno de los rasgos distintivos de la cultura japonesa es su singular concepción de la belleza. Para un occidental, incluso para un chino, la taza más bella es aquella impecablemente modelada, con una circunferencia perfecta, una superficie lisa e inmaculada y, si está decorada, con una disposición exacta y uniforme de los ornamentos.

Si nos trasladamos a Japón, la taza más apreciada —y cara— suele ser aquella que presenta irregularidades, porque eso la hace única. Puede tener abolladuras, arenisca pegada a su superficie o incluso estar agrietada o recompuesta por el arte del *kintsugi*, del que hablaremos en un capítulo de este libro.

Además de ser única y contar su historia, esa taza tan especial transmite el espíritu japonés del *wabi sabi*, que considera bello aquello que se asemeja a la naturaleza, lo cual podemos resumir en tres principios:

1. Nada es perfecto.

2. Nada está terminado.

3. Nada es para siempre.

Aplicado al ser humano, ser conscientes de nuestra imperfección nos aporta humildad; aceptarla, nos libera de la autoexigencia enfermiza, de la fijación por una perfección que no existe en la naturaleza y, por lo tanto, en el ser humano.

Aceptar la propia imperfección, el carácter único de cada cual, no implica conformismo. Al contrario, indica el camino que podemos recorrer para evolucionar como seres humanos.

Quien cree haber alcanzado la excelencia, además de estar equivocado –siempre hay margen para la mejora–, carece de plasticidad. Asentado en su verdad absoluta y subjetiva, no tiene margen de crecimiento. Es un ser rígido y fosilizado que no late con la vida.

Yendo al segundo principio, el *wabi sabi* nos recuerda justamente que nada está terminado. Al igual que la naturaleza se desarrolla infinitamente, en medio de ciclos de nacimientos y muertes, también el ser humano es dinámico.

El mismo Buda dijo en una ocasión: «Siempre estoy *empezando*».

Un espíritu *wabi sabi* ante la vida es, reconocida la propia imperfección, abrazar el aprendizaje continuo, asumiendo que *todo está por hacer* y, por lo tanto, *todo está por vivir*.

El tercer principio del *wabi sabi* es comprender el carácter efímero de todo lo que existe, un concepto que nos remite al zen. Volviendo nuevamente al Buda, al hablar del sufrimiento señaló que una de sus causas es que el ser humano desearía que fuera permanente aquello que, en esencia, es pasajero.

La juventud vuela y se convierte en madurez y luego en vejez.

El magnífico televisor acabado de comprar se acaba estropeando o queda obsoleto ante modelos más avanzados.

Aquella persona que nos parecía tan encantadora y divertida deja de sorprendernos, o quizás empezamos a sentirla lejana porque, como dos ramas de un árbol, hemos crecido en direcciones distintas.

Asumir que *nada es para siempre*, en lugar de entristecernos, nos impulsa a valorar la belleza del instante, que es lo único que podemos capturar aquí y ahora. Es una invitación a entregarlo todo al momento.

Tal vez sea el último paseo que realizamos en el parque, pero si lo experimentamos como quien se despide de la vida, vale por todos los paseos del mundo.

Al igual que la taza imperfecta y quebrada es la más valiosa, para la concepción japonesa de la belleza, la hoja seca a punto de descolgarse de una rama desnuda tiene más emoción que un exuberante prado lleno de flores.

Ésa es la magia del *wabi sabi*, que inspira nuestra vida ofreciéndonos un nuevo horizonte de sensibilidad, crecimiento y realización.

PÍLDORA PARA MEDITAR

El graznido de los cuervos,
el tōrō *cubierto de nieve que parece un* bokushi *con sombrero,*
el peso de la nieve que hace que se doblen las ramas
de los árboles,
el agua de la fuente que se abre paso por la nieve,
el sonido de mis pasos absorbido por la nieve,
¿soy yo una parte minúscula de este jardín imperfecto?
¿o es el jardín parte de mí, de mi universo?

tōrō: *torrecilla de piedra.*
bokushi: *monje.*

Las tres dimensiones del *wabi sabi*

Desde el templo en la montaña,
el sonido de una campana golpea con titubeo,
desaparece en la niebla.

Yosano Buson

Hace tiempo que vivo en una aldea donde todos nos conocemos. Empiezo el día cruzando el pueblo de norte a sur para dar un paseo. Saludo a los niños que van a la escuela, a vecinos que conozco desde hace décadas, a ancianos que sacan a su perro.

Cada uno se desplaza allí donde le llama su *ikigai*, su razón de ser. Algunos saludan levantando la mano, otros con una reverencia o una sonrisa.

Al llegar al sur del pueblo, paso el puente de color carmín conforme disfruto del frescor del río. Siento entonces que el aire de montaña limpia tanto mis pulmones como mis pensamientos. El rumor del agua golpeando las rocas se mezcla dulcemente con el piar de los pájaros. Giro la cabeza para abrazar con la mirada las diferentes tonalidades de verde y naranja del otoño, plasmado en el lienzo cambiante del manto de árboles que cubre las montañas.

Atravieso la entrada de madera del templo y saludo a los monjes que limpian las hojas de los arces que caen a finales de otoño. Luego doy media vuelta y vuelvo a casa a escribir, junto a mi gato Tama.

En total es un paseo de apenas cuarenta y cinco minutos, pero son fundamentales para mi felicidad.

Ayer vino a visitarme mi amigo Yūji. Él es editor de una revista de literatura en Tokio. Lo invité a pasear conmigo y luego tomamos té en el salón de mi casa con vistas a las montañas.

—El olor del tatami, mezclado con la fragancia del té verde, me trae recuerdos nostálgicos de mi infancia –dijo mi amigo.

—Para mí es un aroma cotidiano –le contesté yo.

Tras unos minutos de silencio compartido, mientras disfrutábamos del té de Ureshino, el bueno de Yūji dijo animosamente:

—Nobuo, deberías venirte a vivir a Tokio. Un hombre como tú triunfaría en la ciudad.

—Triunfar… ¿Y eso para qué sirve?

—Serías famoso en los círculos literarios y te invitarían a eventos todos los días. Allí conocerías a mujeres bellísimas, a gente influyente del mundillo, y ganarías mucho dinero. Tendrías diez veces más oportunidades profesionales que estando aquí, recluido en las montañas.

—Ya… pero con el estrés de la vida de ciudad, tendría diez veces menos inspiración. Y también diez veces menos felicidad.

—Por favor, Nobuo –me imploró mi amigo–. No seas negativo.

—Ir a vivir a la ciudad, ¿para qué? ¿Para tener más cosas que no necesito?

—Eres tan zen… Nunca cambiarás.

—¿Para qué acumular más de lo que no necesito? Deseo vivir acorde con mi naturaleza, mi guía es el *wabi sabi*.

—El *wabi sabi* es simplemente un valor estético –dijo Yūji–, te ayudará con tu arte, pero poco más.

—Para mi el *wabi sabi* transciende todo eso –protesté–. Es una filosofía y un estilo de vida. Yo diría incluso que es una forma de entender el universo.

—Me parece muy bien, pero… ¿no tienes miedo a equivocarte, a arrepentirte en el futuro de no haber hecho otras cosas además de escribir, tocar el piano y dar paseos por las montañas?

No pude evitar reír ante aquella pregunta y exclamé:

—Precisamente, en una existencia *wabi sabi* no hay equivocaciones. La vida es imperfecta por definición, así que, si me equivoco, ¡que así sea!

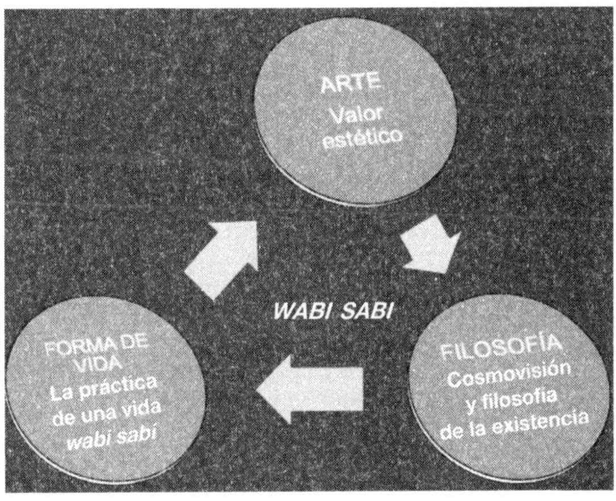

Cuando mi amigo editor se hubo marchado, mientras contemplaba el atardecer con el gato en mi regazo, pensé que para mí el *wabi sabi* se expande en tres grandes dimensiones.

Antes de especificarlas, quiero expresar que el *wabi sabi* está conmigo desde que me despierto hasta que me voy a dormir. Está en el arte que creo y en el que disfruto, está en mi casa y en mi jardín, también en mis relaciones con mi familia y amigos. Incluso con mi gato Tama.

Wabi sabi es mi forma de sentir mi existencia y de interactuar con el mundo con elegancia, armonía y paz.

La visita de Yūji me animó a escribir este libro, que se divide en tres grandes bloques que se corresponden con estas dimensiones:

I. FILOSOFÍA DEL *WABI SABI*

En esta primera parte hablaré del *wabi sabi* como cosmovisión y filosofía de la existencia. Nos ofrece una forma distinta de entender y sentir el universo, así como nuestras relaciones con los demás. Observar el mundo a través de la lente del *wabi sabi* te ayudará a vivir en armonía tanto en tiempos de paz como de estrés e intranquilidad.

La filosofía del *wabi sabi* nos dice que *todo es impermanente*. Incluso las rocas que llevan millones de años formando una montaña llegará un momento en que desaparecerán.

Todo fluye en un cambio constante y, si vamos contra el flujo, sufriremos. La única forma de ser feliz es aceptarlo. A veces sentiremos melancolía y nostalgia, pero son sentimientos de los que podemos disfrutar.

¿Para qué preocuparnos por el futuro o por el presente si mañana nada será igual que ayer?

II. EL ARTE DEL *WABI SABI*

Como valor estético, comprender este concepto nos permite profundizar tanto en las obras de arte como en el alma de los objetos que nos rodean o de nuestro propio hogar.

Tres ejemplos de arte *wabi sabi:*

- Una casa tradicional japonesa que ha sido restaurada reforzando su estructura, pero manteniendo las grietas de la madera centenaria.
- Una taza de té que se cayó al suelo y se rompió en pedazos, pero que ha sido restaurada usando técnicas del *kintsugi.*
- Un filme en el que la imperfección de los personajes y el paso del tiempo en sus vidas es el tema principal. Las películas de mi compatriota Yasujirō Ozu son esencialmente *wabi sabi.*

III. EL *WABI SABI* COMO FORMA DE VIDA

Pero entender y sentir el *wabi sabi* no es suficiente si no vivimos acorde con sus principios.

En este tercer bloque desarrollaremos ideas para aplicar esta filosofía a nuestro día a día y mejorar nuestra vida, con iniciativas como:

- Seguir utilizando viejos objetos, pero cuidándolos como buenos amigos.
- Aprender a decir que no a propuestas sociales o de negocios que, aunque parezcan oportunidades, quizás no lo sean.
- Evitar frustrarse ante las imperfecciones de la existencia, porque no hay ningún ser humano con una vida perfecta.
- Aceptar las cosas como son, encajando los giros del destino y sacando partido del cambio, en una vida armónica contigo mismo y con todo lo que te rodea, incluyendo a tus amigos y familia.
- Vivir acorde con la naturaleza: dar paseos por el campo, o cuidar de plantas en tu jardín o balcón.
- Practicar algún arte en el que puedas aplicar los principios estéticos del *wabi sabi*.

Con estas tres dimensiones en el horizonte, estamos a punto de iniciar un viaje transformador hacia la verdadera naturaleza de la vida y de la realidad.

I
FILOSOFÍA DEL *WABI SABI*

PÍLDORA PARA MEDITAR

*La perfección no existe en el mundo real,
sólo habita en la mente de los seres humanos.
Ni siquiera los* kami *son perfectos,
y tampoco pretenden serlo.
Si los* kami *no son perfectos,
ni quieren serlo,
¿por qué los humanos aspiramos a la perfección?*

kami 神: *término japonés para referirse a deidades o espíritus.*

1
Orígenes del concepto

Elimina hasta encontrar la esencia,
pero no elimines la poesía.

LEONARD COHEN

Wabi sabi es una expresión difícil de traducir. Definirla de forma concreta no es posible, y sería además una falta de respeto a mi lengua. A los japoneses nos gusta la ambigüedad de nuestro idioma y también de la vida en general.

La ambigüedad es bella, porque siempre deja las puertas abiertas a posibilidades.

La finalidad de este libro es explicar de la mejor forma lo que los japoneses sienten como *wabi sabi* en su día a día, sin encajonarlo en una definición concreta.

Si nos atenemos al lenguaje, la expresión está formada por los términos *wabi* y *sabi.* Son dos palabras que se pueden usar de forma independiente, pero que casi siempre van unidas, como si un imán quisiera que nunca se separaran.

La unión de ambas sólo se puede entender a través de la historia.

Evolución de ambos términos

Es curioso señalar que, en su inicio, ambas palabras tenían un peso emocional negativo que con el paso de los siglos se ha esfumado. Revisar esos orígenes, más que tristeza, a mí personalmente me hace sentir nostalgia.

En el siglo XIV, cuando el japonés moderno todavía se estaba formando, la palabra *wabi* empezó a ser utilizada por monjes que seguían la tradición zen y se retiraban solos a un lugar en medio del bosque. Estos ermitaños usaban la palabra *wabi* para expresar la soledad que se siente cuando se vive en la naturaleza sin nadie más que te acompañe.

¿A qué sabe la soledad?
¿Cuántos tipos de soledad existen?

Para expresar el sentimiento común de soledad disponían de otras palabras, pero para el tipo específico de soledad que se siente en la naturaleza, por ejemplo, cuando estamos solos en un bosque, utilizaban la palabra *wabi*.

Con el paso del tiempo, el significado del término fue mutando y hoy en día *wabi* expresa tranquilidad, simplicidad rústica y las imperfecciones que son bellas.

También en el contexto del budismo zen nació la segunda palabra que compone este concepto. En el pasado, *sabi* tenía un significado no precisamente positivo. Se utilizaba para describir lo marchito, aquello que se pudre, que es mustio o decadente. Al igual que con *wabi*, con el tiempo su significado adquirió un matiz de positividad, y hoy en día *sabi* es la belleza y serenidad que nos procura lo que tiene cierta edad o experiencia.

	Wabi 詫び	*Sabi* 寂び
Significado actual	- Simplicidad rústica - Elegancia suave (en inglés: *subdued elegance*) - Frescura - Tranquilidad - Anomalías o imperfecciones que son bellas	- Belleza y serenidad de lo que tiene edad o es viejo - Placer que se siente al apreciar lo imperfecto
Significado histórico	- La soledad de vivir en la naturaleza - Languidecer	- Marchito - Mustio - Oxidado

El *wabi sabi* es una forma de ver la vida y el universo cuyo principio central es aceptar la imperfección y transitoriedad de todo lo que habita este mundo. Es la belleza de lo incompleto, impermanente e imperfecto.

Desde un punto de vista espiritual, está estrechamente ligado al zen, como veremos en el capítulo que sigue.

PÍLDORA PARA MEDITAR

Huele a verano,
pero cuando me doy cuenta los árboles se tiñen de naranja
ya es otoño,
de repente todo se cubre de blanco
ya es invierno,
la nieve se derrite y las flores dan color al mundo
ya es primavera.

vivo en este ciclo hipnótico de las estaciones,
pero algún día yo no estaré
y ellas seguirán su eterno cambiar,
ajenas a mi ausencia.

2

ZEN Y *WABI SABI*

Nadie entra en el mismo río dos veces.

HERÁCLITO

Hay algo en mi interior que tiende a buscar una certeza a la que agarrarse. A veces llego a pensar que no puedo ser feliz y sentirme seguro sin eso. Deseo secretamente que llegue un día en mi vida en el que todo sea estable y perfecto.

Por otra parte, también sé que ese estado paradisíaco nunca llegará, ya que la única constante de nuestra vida es el cambio, el flujo eterno de todo lo que existe. No hay nada a lo que aferrarnos, ninguna tierra firme a la que llegar, por mucho que lo anhele nuestro corazón.

Por este motivo, la única manera de ser feliz es aceptar el hecho de que todo fluye sin cesar.

Esta realización es una de las claves del pensamiento budista, que en Japón está encarnado por el zen, y está considerada como la primera llave de la existencia.

Las tres llaves de la existencia del budismo

Éstas son:

1. La *impermanencia*[1] de todos los seres (en pāli: *aniccā;* en japonés: *mujō* 無常).
2. El sufrimiento o no posibilidad de saciar todos nuestros deseos (en pāli: *dukkha*).
3. El vacío o la nada. Ausencia del *yo*, del ego. Lo que no forma parte de nuestro *yo* (en pāli: *śūnyatā*).

Son tres características que compartimos no sólo los humanos, sino que están presentes en todo lo que existe.

Se trata de tres verdades universales epistemológicamente evidentes. No es necesaria la ciencia ni nada complicado para demostrarlas.

Aunque ha habido y todavía hay pensadores que las debaten, como en su tiempo Platón, quien argumentaba en su teoría de las ideas innatas que existe una realidad en la que nada cambia.

1. Sobre la impermanencia – La primera llave de la existencia

En japonés tenemos la expresión *shogyō mujō* 諸行無常 que significa: *todo lo que hay en este mundo cambia siem-*

---

1. *Impermanencia* no está aceptada por la RAE, pero es la palabra que más se acerca al significado de *shogyō mujō* en japonés o *aniccā* en pāli.

pre, sin pausa; no hay nada estático en este universo. También nuestras emociones, nuestros pensamientos, nuestra identidad están siempre fluyendo en el continuo del tiempo.

Todos sabemos lo que es el cambio. Lo observamos con nuestros ojos, lo sentimos con nuestras emociones, cambiando segundo a segundo. Los olores fluyen, los sonidos se suceden, los sabores de una buena cena varían a cada instante...

Al igual que la música dejaría de serlo si se quedara parada en un momento estático y eterno, lo mismo ocurre con nuestras vidas.

Sabemos que la juventud de nuestros cuerpos es temporal; todos envejeceremos y moriremos. Es evidente que la *impermanencia* está en nosotros y en todo lo que nos rodea.

Y no sólo en Asia. Aproximadamente en la misma época en la que nació el budismo, los seres humanos de otras latitudes comenzaron a considerar la *impermanencia* de todo lo que nos rodea.

Siddhārtha Gautama nació en el año 480 a. C. cerca del Himalaya, a miles de kilómetros de la antigua ciudad costera de Éfeso, donde nació el filósofo presocrático Heráclito en el año 535 a. C.

Uno de los axiomas fundamentales de la filosofía de Heráclito es: *panta rei (todo fluye).* ¡Exactamente lo mismo que la primera llave de la existencia del budismo!

Es lo que el filósofo alemán Karl Jaspers denominó *Era axial,* un tiempo de lucidez intelectual en diferentes partes del mundo, cuando el ser humano tomó conciencia de sí mismo y sus limitaciones, llegando a conclusiones similares.

Esta primera llave de la existencia podemos percibirla en el arte, que a menudo muestra la impermanencia, el paso del tiempo, lo efímero de nuestra existencia.

Aplicada a nuestra vida cotidiana, la impermanencia es una invitación a fluir cada día disfrutando del presente, sin dejarnos arrastrar por el peso del pasado ni asustar por la incertidumbre del futuro.

2. Sobre el sufrimiento – La segunda llave de la existencia

En japonés no tenemos una palabra para expresar exactamente lo que significa el término *dukkha*. No es realmente sufrimiento en el sentido occidental de pasarlo extremadamente mal porque nos hemos hecho una herida, aunque también incluye este caso. Su verdadero sentido está más cercano a la *no-satisfacción* continua que sentimos cada día.

El *dukkha*, la *no satisfacción*, es esa distancia que se interpone entre nosotros y ese «algo más» que siempre deseamos. Es como si estuviéramos condenados a querer siempre lo que no tenemos, sin llegar nunca a la plena satisfacción. Esa frustración se traduce, en mayor o menor medida, en un vacío o hueco misterioso en nuestro interior que nos hace buscar nuestro siguiente objetivo.

Puede ser algo complejo, de orden existencial, o bien algo tan simple como terminar de comer, sentirse satisfecho durante un breve instante y luego desear de inmediato un trozo de chocolate, o querer dormir un rato y no poder hacerlo porque no hay un futón cerca.

Cuanto más corta sea la distancia entre nuestra realidad actual y lo que tenemos esperanza de conseguir o tener, menor será el *dukkha o la no satisfacción* que sentiremos, y en consecuencia también será mayor nuestro sentimiento de felicidad.

Traducido a una fórmula, *la felicidad es la realidad en la que vivimos menos lo que deseamos o esperamos conseguir.*

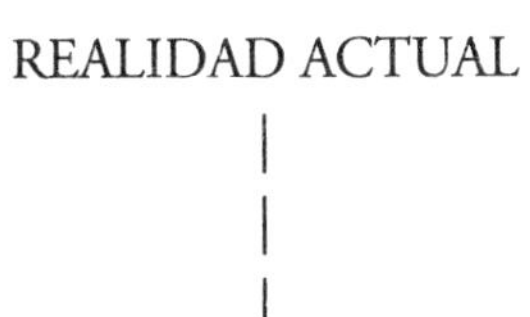

(Esta distancia es nuestra no satisfacción o *dukkha.*
Cuanto menor sea, menos sufriremos)

(REALIDAD PERFECTA QUE IMAGINAMOS.
LO QUE TENEMOS ESPERANZA DE CONSEGUIR.
LO QUE QUEREMOS, PERO NO TENEMOS AHORA MISMO).

Ecuación de la felicidad: *Felicidad = Realidad - Deseos.*

En un caso óptimo, si nuestros DESEOS fueran igual a 0, eso significaría que nuestra felicidad estaría libre de *dukkha* o *no satisfacción.*

3. Sobre el vacío – La tercera llave de la existencia

En japonés tenemos la palabra *ku* 空 para referirnos al vacío, tanto en el sentido literal como metafórico que se utiliza en el budismo. Pero me gusta más usar la palabra original, que en sánscrito es *śūnyatā*, porque su sentido se extiende más allá y es más poderoso que el término japonés.

Śūnyatā se puede traducir como vacío, nada o hueco. Es un término formado por *Śūnya*, que significa «zero», «nada», «vacío», y el afijo *-tā*, que significa «lo que es». Por lo tanto, *śūnyatā* se puede traducir como «lo que es vacío».

El *śūnyatā* es un componente fundamental de la realidad y del mismo cosmos, que está vacío en su mayor parte. Pero es también un estado emocional en el que un ser ya no se siente atrapado por los deseos mundanos.

Según algunas doctrinas, el *śūnyatā* lo es todo, ya que todo lo que existe está vacío.

El *śūnyatā* también se puede considerar como un estado físico y mental en el que podemos llegar a estar los seres humanos: cuando sentimos las cosas tal y como son ahora mismo en el presente. Es decir, nuestras mentes no están añadiendo o eliminando absolutamente nada de la realidad.

¿Has disfrutado alguna vez de un atardecer en la orilla del mar? Al ver cómo el sol desaparece dejando a las estrellas brillar, al escuchar el rumor del oleaje o aspirar el olor del mar, ¿sentiste una sensación de estar conectado con la naturaleza? ¿De no estar añadiendo ni eliminando nada, simplemente siendo parte de ella?

Si es así, fue un momento de *śūnyatā*.

El contrario es el estado en el que estamos atrapados continuamente todos, algunos más que otros, en el que tintamos la realidad con nuestras emociones y acciones.

Voy a dar un ejemplo cotidiano… He mandado un mensaje a mi amigo o amiga, no me ha respondido todavía. Aunque sólo han pasado 10 minutos, me digo que seguro que ya no me quiere. ¿Se ha cansado de mí? ¿Tiene mejores amigos ahora? ¿Ha hecho planes con otros? ¿No he sido invitado?

Hay que observar que nuestro ego está tomando el control de la situación. Las preguntas que nos hacemos tienen que ver con nuestra autoestima. No nos preocupa que le haya pasado algo malo a nuestro amigo o amiga. Lo que nos preocupa básicamente es nuestro ego, porque sentimos abandono.

El ego siempre tiende a inmiscuirse entre nosotros y la realidad, no dejando espacio al *śūnyatā*.

Pero nuestro amigo o amiga responde a los 20 minutos. Resulta que estaba leyendo un libro y había dejado el móvil cargando al otro lado de la casa.

En el contexto del *wabi sabi,* como concepto estético aplicable a todo tipo de arte, para que una obra sea considerada como *wabi sabi* es fundamental que siga los principios de del *śūnyatā*.

Te estarás preguntando: ¿Mi obra de arte tiene que ser vacía para ser *wabi sabi*? No exactamente.

Imaginemos que estamos creando una escultura. Para poseer una esencia *śūnyatā* se tiene que integrar con gracilidad en su entorno, como si formara parte del todo. La escultura no debe estar separada como algo con identidad propia. La escultura estará terminada cuando no haya nada más que añadir ni sustraer de ella.

Lo contrario sería una escultura cuyo único propósito es llamar la atención, ser espectacular, como si el ego del artista se hubiera apoderado de la obra.

El arte *wabi sabi* es todo lo contrario. El creador no está en la obra, la obra está en *śūnyatā* con el universo. Es arte y es el universo a la vez.

En el contexto de nuestras vidas, para llevar un estilo de vida *wabi sabi,* no añadas más de lo necesario y no elimines más de lo necesario.

Para el *wabi sabi,* el vacío, el no añadir, la nada, es tan importante como todo lo demás. Es algo que podemos aplicar tanto cuando creamos arte como en nuestras vidas.

Elogio de la sombra

Ampliaremos esta tercera llave del budismo, en especial sus implicaciones para el arte, con una pequeña obra maestra de mi compatriota Junichiro Tanizaki.

Uno de los mejores novelistas de Japón, se le conoce fuera de nuestro país por el ensayo *Elogio de la sombra,* publicado por primera vez en 1933.

En este tratado del *wabi sabi* arquitectónico, Tanizaki reflexiona sobre el arte tradicional japonés y su arquitectura, tan diferente respecto a lo que se practicaba en Occidente.

Así, mientras en Occidente se optaba por lo luminoso, pulido, rectilíneo y armonioso, la arquitectura japonesa juega con el minimalismo del vacío –nuevamente el *śūnyatā*–, por el poder de la sombra y lo asimétrico. Japón valora la pátina en un objeto antes que lo resplandeciente e inmaculado.

Veamos un fragmento de este delicioso ensayo:

En realidad, la belleza de una habitación japonesa, producida únicamente por un juego sobre el grado de opacidad de la sombra, no necesita ningún accesorio. Al occidental que lo ve le sorprende esa desnudez y cree estar tan sólo ante unos muros grises y desprovistos de cualquier ornato, interpretación totalmente legítima desde su punto de vista, pero que demuestra que no ha captado en absoluto el enigma de la sombra.

Llenarse con el vacío

El *śūnyatā* no es sólo un concepto espiritual o arquitectónico, sino también una fuente de inspiración para nuestra vida. Me permito terminar este capítulo con unas cuantas sugerencias para llevar esa liberación, que a la vez nos llena de felicidad, a la vida cotidiana:

- Bloquea días sin nada que hacer en tu calendario y en ese tiempo:

- ◙ Haz lo que te apetezca conforme transcurra el día.
- ◙ Pasea por algún lugar con mucho verde con alguien a quien ames (puede ser tú mismo).
- ◙ Cierra los ojos y concéntrate en tu respiración durante cinco minutos seguidos.
- Crea una habitación *śūnyatā* en tu casa:
  - ◙ Vacía una habitación completamente. Pon una alfombra y dos cojines donde sentarte a meditar o a leer.
  - ◙ Una norma no escrita de esta habitación especial es: no puede entrar ningún aparato electrónico.
  - ◙ Puedes comprar un pincel grueso, tinta y dibujar un círculo *Ensō* grande en un pergamino blanco. Cuélgalo en la habitación junto a los dos cojines.

La lección más importante que procura el vacío es que *no necesitas nada para ser feliz*, más allá de un poco de alimento, agua o té, tus horas de sueño y el aire que respiras.

PÍLDORA PARA MEDITAR

Mi cuerpo y mente envejecen y cambian con el tiempo.
A los diez años todo era curiosidad por el mundo.
A los veinte, deseaba acción, aventura y pasión.
Con treinta, estabilidad y sentido a la vida.
Y a los cuarenta, obtuve sabiduría a base de desventuras.
Traspasada la barrera de los cincuenta,
ahora sé que la vida es un misterio
y precisamente eso es lo que la hace interesante.
Vendrán más décadas, o al menos eso espero,
pues deseo saber cuál será mi perspectiva
con cada una de ellas.

3

Más allá de la exigencia

Nadie vive en un mundo objetivo,
sino que es siempre un mundo subjetivo
al que nosotros le hemos dado significado.
El mundo que tú ves es diferente del que yo veo,
y es imposible compartir ese mundo con nadie más.

ICHIRO KISHIMI

Es conocido el valor del esfuerzo en la cultura japonesa, sintetizado por la expresión «ganbarimasu» 頑張ります, que se traduce por «hacerlo lo mejor posible». Si diseccionamos el término, 頑 significa «cabezonería» y 張 sería «estirar», o sea, la expresión se entiende literalmente como «estirar al máximo tu cabezonería».

Esta máxima vital resulta muy útil para los estudiantes o los deportistas, a quienes antes de un examen o competición animamos con un «ganbatte kudasai», que vendría a ser «esfuérzate en hacerlo lo mejor posible».

Es una buena actitud para acudir concentrado a un examen o a una competición, pero el «ganbarimasu» se nos puede volver en contra si lo aplicamos a rajatabla en nuestra existencia cotidiana, ya que la vida no es una carrera, y ni siquiera podemos aspirar a la perfección, como nos recuerda la filosofía del *wabi sabi*.

Antítesis de la filosofía *wabi sabi* *Aspirando a la perfección*	Filosofía *wabi sabi* *Aceptando la imperfección*
Adulación de lo invencible.	Respeto a lo frágil.
Sensación de estrés porque dejamos que lo que sentimos nos controle.	Calma dinámica observando lo que sentimos.
Perfección.	Imperfección.
Magnánimo.	Modesto.
Añadir más de lo necesario y al final termina siendo falso.	Honestidad.
Intentar o pretender que las cosas sean para siempre.	Aceptar que todo es impermanente.
Pensar de forma lógica en el pasado y el futuro como si fueran algo fijo e inamovible.	Centrado en el aquí y ahora.
Prisas.	Pausas.
Confusión mental.	Claridad mental.

Mismo firmamento, distintas estrellas

Es bueno esforzarse cuando tratamos de alcanzar la cima de una montaña, jaleando incluso a nuestros compañeros de cordada, pero mantener ese espíritu en situaciones en las que no tiene sentido sólo consigue el efecto contrario: fatiga y desmotivación en los demás, decepción y resentimiento dentro de uno mismo.

Esto es relevante en el ámbito de las amistades y aún más en el de la pareja.

Esperar que nuestros amigos respondan a nuestras expectativas, además de ser inútil es un seguro de soledad, ya que nos iremos disgustando con cada uno de ellos hasta perderlos. Expresiones como «yo en su lugar habría hecho esto o lo otro», cuando nos decepciona su respuesta ante algo que esperábamos, en realidad, encierra un profundo desconocimiento de la individualidad del ser humano.

No hay dos personas que piensen o reaccionen igual, porque cada persona se halla en un punto distinto del camino. Es imposible estar en el lugar de otro, porque cada cual ocupa su propio lugar, y es desde allí que contempla el universo.

Aprovechando este símil, es como si cada persona viviera en un planeta de una galaxia distinta. A todos nos rodea un mismo firmamento de estrellas, pero éstas presentan distintas configuraciones, dependiendo de dónde esté el observador.

Esa galaxia que ocupamos la forma nuestro carácter innato, la familia donde hemos nacido y nuestras experiencias a lo largo de la vida. Todo ello condiciona nuestra mirada y nos sitúa en un lugar que sólo ocupamos nosotros.

¿Cómo van a reaccionar los demás según nuestros deseos, muchas veces ni siquiera expresados, si viven en una galaxia distinta con otro mapa del cielo?

Esto mismo, de forma más grave, sucede cuando en una pareja uno desea moldear al otro a su conveniencia. Las fricciones se multiplican y pueden llevar a la ruptura. Cada cual es su propio molde, una pieza única con sus propias fisuras e irregularidades. Si éstas desaparecieran, dejaría de ser él mismo o ella misma.

El *wabi sabi* del amor implica amar esas características que hacen única a esta persona y pulir sólo, de mutuo acuerdo, aquello que pone en peligro el vínculo.

¿Existe acaso la verdad?

En una de sus películas más célebres, *Rashōmon*, Akira Kurosawa contó en 1950 una singular historia que tiene lugar en el Kioto del siglo XII.

En un bosque cercano a un templo derruido se ha producido el asesinato de un hombre que las autoridades deben esclarecer.

La investigación se encuentra con cuatro versiones totalmente distintas de los hechos: la de la esposa del muerto, la del bandido, la del único testigo e incluso la del propio asesinado, que describe a través de una médium lo sucedido.

Tras saberse los cuatro relatos, son todos tan distintos entre sí que la conclusión a la que se llega es que resulta imposible conocer la verdad.

Durante los años sesenta, el hipismo y la psicodelia que bebieron del misticismo de la India fueron más lejos aún, llegando a dudar de la existencia misma de la realidad. Los Beatles cantaban en su *Strawberry Fields Forever:* «nada es real y no hay nada de qué preocuparse».

Ya en el siglo XXI, en *Hierro 3*, una película de Kim Ki Duk sobre un fantasmal motorista que se va alojando en casas donde los inquilinos están de viaje, aparece al final la siguiente frase:

Es difícil saber si el mundo en que vivimos
es sueño o realidad.

Sé la mejor persona imperfecta que puedas ser

Si cada cual tiene su propia verdad y ni siquiera podemos estar seguros de la realidad en la que creemos estar viviendo, ¿cuál es el sentido de tener certezas de cómo son las cosas o cómo deberían ser?

Quizás sería más cabal recuperar la sabiduría de los viejos maestros griegos y reconocer que la persona más sabia es aquella que sabe que no sabe nada, pues en ese principio de ignorancia está la semilla de todo futuro crecimiento.

Al enfocar la vida desde la filosofía del *wabi sabi*, abrazamos la incertidumbre total de la existencia, así como el misterio sobre nuestras propias capacidades.

Cuando una niña se sienta por vez primera ante un piano y sus dedos hacen sonar las teclas, es imposible saber si el juego terminará poco más allá de eso o si, con el paso del tiempo, su pasión se reforzará exponencialmente hasta hacer de ella una virtuosa intérprete, reclamada en los mejores auditorios del mundo.

Ésta es la magia del ser humano, que es profundamente imperfecto, pero al mismo tiempo lo es *todo* en potencia.

Acerca de esto, el doctor Shoma Morita, contemporáneo de Freud y creador de una terapia a partir del propósito vital con influencias del budismo zen, afirmaba lo siguiente:

Ríndete a ti mismo. Empieza a tomar acción ahora, seas neurótico, imperfecto, procrastinador, malsano, holgazán o cualquier otra etiqueta que te hayas puesto injustamente para describirte. Ve adelante y sé la mejor persona imperfecta que puedas ser, y empieza a llevar a cabo todas esas cosas que quieres hacer antes de morir.

PÍLDORA PARA MEDITAR

Las ramas del keyaki *en mi jardín
se balancean con la brisa del amanecer,
quiero ser como ese árbol:
tener raíces profundas
pero doblar mis ramas
cuando mi vida sea azotada
por el vendaval.*

keyaki: *gran árbol de hojas caducas originario de Japón.*

4

Lecciones de la naturaleza

¡Qué cosa tan extraña,
estar vivo
bajo los cerezos en flor!

Kobayashi Issa

Como hemos visto en los primeros capítulos de este libro, la naturaleza es la gran maestra de la filosofía *wabi sabi*, porque en ella se inspira la belleza de lo imperfecto, lo incompleto y lo perecedero.

Nada es completamente geométrico o simétrico, ésa es una fijación humana, pero la naturaleza encuentra en lo irregular su propia belleza.

Nada está acabado, ni lo estará nunca, ya que lo de «obra terminada» es una fijación humana. La naturaleza es un eterno *work in progress*, como la vida de un ser humano mientras tiene los pies sobre este mundo.

Nada es imperecedero, lo que sí es eterno es el ciclo de nacimientos y muertes. La vida se renueva sin cesar, y nosotros con ella, tanto exteriormente como interiormente.

La naturaleza es una gran maestra, pero los seres humanos nos hemos alejado tanto de ella que hemos olvidado sus humildes lecciones. Vamos a recuperarlas a través de los diarios de varios ermitaños.

Apuntes de filosofía perezosa

Entre los textos japoneses que mejor reflejan el espíritu del *wabi sabi* están los llamados *Ensayos perezosos* que el monje Yoshida Kenkō escribió entre 1330 y 1332. Lo hizo en pedazos de papel que iba pegando en las paredes de su cabaña en medio de la naturaleza.

Se cuenta que, años después, un amigo suyo se dedicó a despegar con cuidado esos trozos de papel y, al reunir 243 fragmentos, rescató una de las obras más inspiradas de la literatura japonesa.

Los *Tsurezuregusa*, como se llaman estos ensayos en japonés, recogen la fugacidad de todas las cosas. Los escritos de Kenkō transmiten, además, la simplicidad, humildad y naturalidad propias del zen. Instan al lector a aprovechar cada aliento de vida a través de la contemplación de la naturaleza y de su propia mente.

Veamos algunos fragmentos de este compendio de inspiraciones que transmiten la esencia del *wabi sabi*:

En todas las cosas, la uniformidad es un defecto. Es interesante dejar algo incompleto y por terminar; así se tendrá la sensación de que mediante esa imperfección se prolonga la vida de los seres.

Contra la fijación moderna por el orden –tal vez para compensar el desorden y desasosiego interior–, este monje del siglo XIV alababa el valor de lo incompleto:

Dejar algo inacabado aporta interés a la vida. Se dice que incluso al construir el palacio imperial se deja siempre algún lugar sin terminar. Y en los escritos de los viejos maestros espirituales siempre hay capítulos y partes que faltan.

Lo inacabado y desordenado está presente también en nuestra vida diaria, donde nunca se sabe qué puede suceder, pero Yoshida Kenkō lo ve como un valor:

Lo más precioso de la vida es su incertidumbre.

Este componente de pobreza y frugalidad, tan presente en el *wabi sabi*, marca los *Escritos perezosos*, donde el poeta señala que ningún sabio de la antigüedad tenía bienes, y pone como ejemplo extremo el ermitaño chino Hsu Yu:

No tenía una sola posesión en este mundo. Recogía incluso el agua con sus manos, hasta que un amigo le dio una calabaza hueca. Pero un día que la había colgado de una rama escuchó que el viento la hacía traquetear. Como el ruido le molestaba, arrojó la calabaza lejos y siguió haciendo cuenco con sus manos. ¡Qué puro y libre era el corazón de ese hombre!

Yoshida Kenkō habla de otro hombre tan libre que, estando recluso, afirmó que lo único que lamentaría dejar el día de su muerte sería el cielo.

El canto a la vida desde una choza

Ensayos perezosos es un clásico del género *zuihitsu*, una forma espontánea de escribir que popularizó en el siglo XI Sei

Shonagon, autora de *El libro de la almohada*, donde recogía sus experiencias cotidianas en la corte de la emperatriz.

Otro diario muy célebre es el *Hōjōki*, que a veces se traduce como *Canto a la vida desde una choza*. Escrito en 1212 por el poeta ermitaño Kamo no Chōmei, explica su vida en una barraca de tres metros cuadrados, desde la que observa la naturaleza y la vida.

El inicio de este pequeño ensayo es muy célebre en la literatura japonesa. Habla así del paso del tiempo y de la provisionalidad de la vida:

La corriente del río jamás se detiene, el agua fluye y nunca permanece la misma. Las burbujas que flotan en el remanso son ilusorias: se desvanecen, se rehacen y no duran largo rato.

El relato demuestra que Kamo no Chōmei supo vivir en el más puro espíritu del *wabi sabi*:

Ahora moro en mi tranquila residencia. Es sólo una cabaña de tres metros, pero la amo. Cuando voy a la capital a por alguna cosa, puede que me sienta avergonzado de mi apariencia de mendigo, pero cuando retorno siento pena por la gente que veo allí, tan inmersos y preocupados por sus riquezas y sus honores, tan atareados. Si tienes dudas sobre lo que hablo, piensa en los peces y en los pájaros: los peces siempre están en el agua, y aun así no se cansan de ella. Aunque si no eres un pez, probablemente no lo entiendas; los pájaros, por su parte, anhelan vivir en el bosque. Aunque si no eres un pájaro, probablemente tampoco entiendas sus motivos. Mis sentimientos hacia mi tranquila residencia suponen lo mismo. ¿Quién puede entenderlo si nunca lo ha probado?

Mi vida, tal y como la luna menguante, está a punto de acabar. Los días restantes son pocos.

De la vida en los bosques

El equivalente en Occidente de estos ensayos sobre la vida austera, fruto de la vida en una cabaña, fue, ya en la era moderna, la experiencia de Henry David Thoreau. Tras una intensa vida social en Concord, donde tuvo de mentor a su vecino Ralph Waldo Emerson, decidió construir una choza con sus propias manos cerca del estanque de Walden.

Este filósofo americano, padre de la desobediencia civil, abandonó el ajetreo de la ciudad para no ser como «casi todas las personas que viven la vida en una silenciosa desesperación».

Consideraba que la ociosidad urbana le había apartado del corazón de la existencia, impidiéndole escribir de una manera auténtica. En sus propias palabras: «Vano es sentarse a escribir cuando aún no te has levantado para vivir».

Allí permanecería dos años, dos meses y dos días, mientras plasmaba lo que acabaría siendo el ensayo más famoso de su época, publicado en 1854 como *Walden o de la vida en los bosques*.

Como muestra de las muchas lecciones que el autor norteamericano extrajo de la naturaleza, encontramos estas reflexiones transcendentes sobre el canto del mirlo:

En el mirlo, aun cuando cante al mediodía, hay la frescura fluyendo del seno de las fuentes. Tan sólo el mirlo nos habla de la riqueza y el vigor eterno de la selva [...] Cada vez que un hombre oye ese canto, es porque posee juventud y la Naturaleza está en su primavera. Un mundo nuevo se le ofrece, una tierra libre; las puertas del cielo se abren de par

en par [...] el trinar del mirlo me habla siempre de un éter
más leve que el que respiro, de una belleza y de una fuer-
za inmortales. Vuelve más profundo el sentido de todas las
cosas que evocan sus acentos. Canta para dar a los hombres
ideas más claras y más elevadas. Canta para que reformen
sus instituciones, para que pongan en libertad al esclavo de
las plantaciones y al preso en los calabozos, al esclavo de la
casa de placeres y al cautivo de sus bajos pensamientos.

Thoreau, sin embargo, no era un ermitaño al uso. Se sabe que dentro de su minúscula cabaña había tres sillas, y cuando le preguntaban la razón, contestaba: *Una es para la soledad, dos para la amistad, tres para la sociedad.*

Aunque acabaría regresando a Concord, tras culminar su largo retiro, lo que aprendió en la naturaleza iluminó el resto de su vida, dando paz a su corazón.

Tras enfermar gravemente a los 44 años, su tía que cuidaba de él le preguntó en sus últimos días si había hecho las paces con Dios, a lo que él respondió: *No sabía que nos hubiéramos peleado.*

El 6 de mayo de 1862 pronunciaba su última frase antes de morir: *Ahora viene buena navegación.*

II
EL ARTE DEL *WABI SABI*

PÍLDORA PARA MEDITAR

Los cuervos se posan en las ramas del arce,
el eco de sus graznidos reverbera en la ladera.
Cuando el sol del atardecer
se refleja en la charca, me pregunto:
¿Qué es más bello?
¿El eco o el sonido original?
¿El sol o el reflejo de sus rayos?

1

Fundamentos del *wabi sabi* en las artes japonesas

Como humanos imperfectos
tenemos alergia a lo perfecto.
Si algo es perfecto de principio a fin
no hay sugestión de lo infinito.

Yanagi Sōetsu

Mi vida de *freelancer* me da tiempo para viajar con libertad. Siempre que puedo, me gusta salir sin destino concreto, en busca de rincones poco explorados de nuestras islas.

Hace poco acepté una invitación para visitar el templo zen de Daijoji. Allí conviven veinte monjes y comienzan sus días con una sesión de meditación de dos horas a las 4:30 de la mañana.

Me desperté en un *ryokan*[1] cercano al templo una hora antes del amanecer. Tras cruzar los bosques en la penumbra, llegué a la puerta negra que marca la entrada del recinto.

---

1. Hotel tradicional japonés.

Cuenta la leyenda que el *mon*[2] negro fue lo primero que construyeron antes de decidir establecer el templo.

La madera del *mon* es tan oscura que parece que va a engullir el bosque como si fuera un agujero negro. Encima del portal crece musgo e incluso plantas, cuyas ramas y hojas hacen que el *mon* parezca tener puesto un sombrero de paja.

Unos pasos más allá, después de cruzar la entrada, hay una campana enorme con un tronco de madera perpendicular a ella que se utiliza para tañirla. Allí me detuve unos instantes a observar la rueda del *dharma*, inscrita tanto en el metal oxidado de la campana como en el tronco. La rueda del *dharma* siempre me hace reflexionar sobre mi mortalidad como ser humano.

Cuando yo muera, tanto la campana como el *mon* negro seguirán conviviendo con la naturaleza del bosque.

Una vez allí, medité con los monjes de Daijoji. Al no estar acostumbrado a hacerlo durante tanto tiempo seguido, al final de las dos horas me dolían las piernas y la espalda.

Terminada la meditación, uno de los monjes golpeó la campana, y su sonido, reverberando en mi interior, consiguió que por unos instantes mis sentidos se fundieran con el universo. Se había generado un extraño espacio entre momento y momento, como si la campana hubiera suspendido el paso del tiempo.

«¿Es esto la felicidad?», me pregunté.

Luego me invitaron a comer *shōjin ryōri*[3] y a tomar té.

---

2. 門 Portal de entrada en un templo budista.
3. Cocina tradicional budista japonesa. Todos los platos son vegetarianos y suelen contener ingredientes de la época y de la zona cercana al templo donde se sirve.

Dharmachakra o rueda del *dharma*

Sólo en el equilibrio de todos los elementos de la rueda del *dharma* se puede alcanzar la iluminación. Cada uno de los ocho vértices de la rueda representa una de las ocho divisiones del Noble Camino Óctuple:

1. La muerte no es el final, y nuestras acciones en esta vida tienen consecuencias después de morir.
2. Es importante tener la intención de contemplar la *impermanencia* y la inevitabilidad del sufrimiento.
3. No hay que mentir.
4. No hay que matar o infligir daño a otros.
5. Sólo debemos poseer lo esencial para vivir y no más.
6. Es necesario tener la conciencia despierta, sin dejarnos llevar por los deseos sensoriales o envidias y celos.
7. Debemos aplicarnos a meditar.
8. Finalmente llegamos al *Samadhi*: el estado que alcanza una persona cuando siente que su cuerpo y su mente se están fundiendo con el universo.

La rueda del *dharma* es un símbolo que une culturas y religiones. Es compartido por el budismo, el hinduismo y el jainismo.

El alma del *raku*

Días más tarde fui a Nagano a visitar el museo de arte Sunritz Hattori que está a la orilla del lago Suwa. Allí conservan un *chawan*[4] que está listado como tesoro nacional. Es una pieza de *raku* creada por Honami Kōetsu a principios del siglo XVII que se llama Monte Fuji.

El *raku* es una técnica de alfarería japonesa que nació en el siglo XVI, y que utiliza temperaturas relativamente bajas en el horno.

La pieza de *raku* blanco de Honami Kōetsu está considerada como una obra histórica porque contiene la esencia del *wabi sabi*. Al presenciar esta pieza pequeña, de menos de 10 cm de altura, noté cómo mi corazón se expandía al sentir su potencia y a la vez su humildad.

Mi mirada y mis emociones de desbordaron al observar el Monte Fuji de Honami Kōetsu.

---

4. Bol para tomar el té.

El *wabi sabi* se rebela contra la modernidad que busca con futilidad crear superficies perfectamente planas y formas simétricas, elementos que ayudan a la producción en masa. A diferencia de éstos, los objetos *raku* son únicos, nadie puede copiar, ni siquiera imitar el Monte Fuji de Honami Kōetsu.

Del monte contenido en la suave irregularidad de un pequeño bol a uno caminable, aquel mismo día subí al Kirigamine, cuya traducción literal es «entre las nieblas». La ruta de *hiking* hasta allí comienza justo al lado del museo. El día era claro y desde la cima pude contemplar la cordillera de los Alpes Japoneses. Luego me senté en una roca a comer un *onigiri* (bola de arroz) y beber un poco de té verde.

Sentado en la cima del Kirigamine, me embargó un sentimiento de gozo y conexión con la naturaleza, mientras dentro de mí pervivían reminiscencias del *raku* blanco de Honami Kōetsu. Para mi corazón, el bol y la naturaleza de Nagano no eran entidades diferentes, sino parte integral de una sola experiencia.

La esencia de la naturaleza y la del arte *wabi sabi* es la misma.

El arquitecto del *wabi sabi*

Hace dos años hice un largo viaje por Europa. Paseé hasta la extenuación por los cascos antiguos de las ciudades, admirando las fachadas en las que se cuida hasta el último detalle.

Aun así, dominan las líneas rectas, y las curvas sólo aparecen cuando son necesarias. La arquitectura europea busca la perfección, creando espacios impolutos, casi dignos de dioses.

Noté un atisbo de *wabi sabi* en iglesias y catedrales, como si quisieran escapar de las restricciones y pudieran permitirse cierto grado de locura mística. Pero no fue hasta que llegué a Barcelona cuando me encontré con el artista que verdaderamente conecta Occidente con Oriente: Antoni Gaudí.

La Sagrada Familia, la Casa Milà y el Parc Güell son *wabi sabi* 100 %.

La primera, con sus curvas imposibles y su presencia telúrica, parece haber surgido de lo más profundo de la tierra, como un volcán o una montaña. No pretende ser una obra creada por humanos, sino por la naturaleza misma.

Gaudí no pretendía superarla, sino que creó un arte que contiene la esencia del mundo natural. No quiso imponer su ego en el mundo, haciendo construir algo superior a la creación.

Al igual que el arquitecto catalán, los santuarios sintoístas japoneses y los templos budistas tampoco intentan imponer algo artificial, sino que se integran en la naturaleza que los rodea. Yo comparo estos espacios sagrados sintoístas con el Parc Güell, donde lo natural y lo artificial se funden en un solo elemento.

Volviendo al bol que nos sirve de ejemplo para ilustrar el *wabi sabi,* a continuación veremos algunas de sus características.

Textura orgánica *yuuki tekusucha* 有機テクスチャ

Los boles creados con la técnica *raku* se caracterizan por su textura orgánica. Según la escala a la que mires el objeto, su aspecto cambia dinámicamente.

Las superficies perfectamente planas, con colores uniformes, son siempre similares, sin importar si las estás viendo a 10 cm de distancia o a diez metros. Lo plano y perfecto únicamente existe en el mundo artificial.

Sólo las obras de arte con texturas orgánicas e irregulares pueden ser consideradas *wabi sabi*. No hay nada que atraiga más al ojo humano que las irregularidades, y nada más aburrido que lo monótono.

Y no sólo la vista, también el resto de sentidos humanos son más sensibles cuando hay cambio. El olfato, cuando nos habituamos a un olor, dejamos de sentirlo. Si escuchamos a través del oído una misma melodía que se repite cada cuatro notas, ésta se convertirá en algo pesado y repetitivo. En cuanto al tacto, si nos toca alguien que nunca nos ha acariciado, sentiremos algo muy diferente que si se trata de la caricia de quien lleva años con nosotros.

Lo que cambia, aquello que es dinámico, lo podemos sentir con más intensidad. Las texturas orgánicas son la expresión verdadera del cambio continuo.

Simplicidad, *kanso* 簡素

Esta virtud estética y espiritual apunta a conseguir resultados óptimos utilizando los mínimos recursos. Elimina todo aquello que no importa, que es prescindible, para dejar espacio a lo esencial.

No añadas nada si no es estrictamente necesario.

Sólo se llega al *kanso* cuando excluimos todo lo que no es esencial, como una bella escultura que se ha deshecho de la roca que la encerraba, como un capullo de piedra.

Simplicidad es la última sofisticación. Decía Oscar Wilde que *los placeres sencillos son el último refugio de los hombres complicados.* Y ciertamente hay una clara correlación entre simplicidad y sofisticación.

Los poetas jóvenes, por ejemplo, escriben larguísimos versos para expresar una idea muy sencilla. Por falta de experiencia y de profundidad, se embarran en la complejidad sin necesidad, lo cual es una falta de gusto.

El anciano maestro de la poesía, en cambio, es capaz de expresar algo muy complejo, como el sentido de la vida, en tres simples pinceladas de un haiku.

Asimetría e irregularidades, *fukinsei* 不均整

El significado de *fukinsei* incluye tanto la asimetría como la irregularidad en general. Un ejemplo que suele ponerse de esta característica del arte *wabi sabi* es el círculo *Ensō*.

Este círculo que practican los maestros en caligrafía nunca es simétrico; al contrario, la naturalidad del brochazo debe ser apreciable. Tampoco está cerrado, ya que el *Ensō* simboliza la *incompletitud* de todo lo que existe. El puro espíritu del *wabi sabi*. La asimetría bien ejecutada, en la que fluye la naturalidad, es bella, ya que sólo en la calma el artista es capaz de encontrar el equilibrio en el caos, ésa es la esencia del *fukinsei*.

Naturalidad, *shizen* 自然

Para un japonés, todo es más bello cuando lleva las marcas que demuestran el paso del tiempo. De hecho, las heridas o imperfecciones distinguen lo único de lo ordinario. Eso es aplicable tanto a las arrugas o cicatrices de una persona como al óxido en una cazuela o tetera.

Lo natural y sin pretensiones es *wabi sabi*.

La mujer u hombre anciano con arrugas profundas y una sonrisa todavía adolescente es la máxima expresión de la belleza *wabi sabi*.

Arte occidental *Buscando la perfección*	Arte *wabi sabi* *Aceptando la imperfección*
Simetría	Asimetría
Busca la perfección	Las imperfecciones son aceptadas
Proporciones siguiendo ideales greco romanos	Las proporciones no son importantes
Pulido	Rugosidad
Complejo	Simple
Más que lo estrictamente necesario, se busca impresionar al espectador	Sólo los elementos necesarios

Arte occidental *Buscando la perfección*	Arte *wabi sabi* *Aceptando la imperfección*
Artificialidad	Apreciación de lo natural
Imponente y espectacular	Intimidad
Intelectual y racional	Intuición
Magnificente	Austero
Sublime	Modesto
Estático	Dinámico
Se limita a representar algo finito	Evoca el infinito
Regularidad	Irregularidad y aleatoriedad
Brillante e impoluto	Gastado, oxidado

Tu primera obra *wabi sabi*

Según la filosofía *mingei* de mi compatriota Yanagi Muneyoshi, lo que crea cualquier persona, sin necesidad de ser un artista, está en principio más allá de lo bello y lo feo.

Te desafío a que crees un objeto *wabi sabi* siguiendo la filosofía *mingei*. Las reglas de Yanagi Muneyoshi son:

- Tiene que hacerse a mano.
- Tiene que ser con materiales baratos.
- Tiene que poder ser utilizado o apreciado por cualquier persona.
- Tiene que tener algo distintivo de la región donde se creó.

Siguiendo la inspiración de Yanagi, esto es lo que hice yo:

1. Compré una tabla de madera en una tienda de segunda mano.
2. La pulí para renovarla, pero no para eliminar sus imperfecciones. Al contrario, trabajé para hacerlas lucir más, dejando la textura al descubierto. Conseguí así que uno de los nudos de la madera fuera el protagonista de la madera.
3. Coloqué la tabla en un rincón de mi sala de tatamis y, sobre ella, puse un pequeño jarrón con un ramo de flores que recolecté en un monte cercano a mi casa.

Mi pequeña obra *mingei* siguió, por lo tanto, los principios del *wabi sabi*: simplicidad (*kanso*), naturalidad (*shizen*), asimetría (*fukinsei*) y textura orgánica (*yuuki tekusucha*).

PÍLDORA PARA MEDITAR

Camino por el roji *hacia la casa de té.*
La senda se estrecha a medida que me acerco
a la puerta donde me aguarda la ceremonia.
Conforme avanzo, algo cambia dentro de mí.
Sigo en este mundo pero, al mismo tiempo,
siento que viajo a un lugar lejano
aunque muy cerca de mi corazón.
Cuando llego al final y me quito los zapatos,
no soy la misma persona
que comenzó a caminar por el roji.

roji: *senda estrecha delimitada con piedras que marca el camino en el jardín hasta una casita de té tradicional japonesa.*

2

La belleza de la melancolía

Yasunari Kawabata

El *wabi sabi* está presente en el sentimiento melancólico en el que convergen la belleza y el carácter efímero de la vida. Lo percibimos en una fotografía otoñal, al contemplar los árboles ya casi desnudos; también durante una experiencia sublime que nos inunda el alma y que desearíamos retener para siempre, lo cual es imposible.

A todo el mundo le ha sucedido alguna vez.

Recuerdo que en una ocasión viajé hasta la isla de Koh Tao, al sur de Tailandia. Tras una semana de descanso en un bungalow junto al mar esmeralda, tomé el barco de la tarde para llegar a tierra firme, de donde saldría mi tren para regresar a Bangkok.

Apostado en la cubierta del ferry, antes de arribar a puerto pasamos por un brazo de mar lleno de barcas de pescadores. Bajo la luz del ocaso, quedé extasiado ante aquellas embarcaciones tradicionales en las que ya se habían encendido los fanales. Había familias cenando en cubierta, jóvenes que transportaban sacos con provisiones o redes acabadas de reparar, niños con los pies colgando al borde del agua.

Ante esa estampa bucólica me embargó un sentimiento de felicidad mezclado con una suave tristeza. En lo más profundo de mí, sabía que nunca regresaría a aquel lugar del que, a día de hoy, ni siquiera recuerdo el nombre. Es decir, al mismo tiempo que ganaba aquella experiencia estaba a punto de perderla, y eso era lo que causaba la melancolía.

Ésa es una sensación típicamente *wabi sabi*.

Una estela que se aleja en el mar

Kamo no Chōmei, el poeta y ermitaño japonés que murió en 1216, explicó ya en aquella época lejana el significado de *wabi*, y lo hizo de este modo:

Wabi *es la sensación que nos provoca el cielo una tarde de otoño, la melancolía del color, cuando todo sonido ha sido silenciado. Esos momentos en los que, por alguna razón que la mente no puede explicarse, las lágrimas comienzan a caer incontrolablemente.*

Tal vez eso que la mente no puede explicarse sea la certeza de la impermanencia de la vida, como la escena que acabo de narrar, que a la vez incluye nuestra propia impermanencia. Saber que somos aves de paso nos aporta esa percepción melancólica de la belleza y de la vida.

En momentos así, sentimos que la felicidad que nos llega a través de la percepción, de las vivencias, es un préstamo, algo que más pronto que tarde nos será arrebatado. Por eso jamás será del todo nuestra, y eso incrementa su valor.

¿Y qué decir de su compañera de viaje en este concepto?

La palabra *sabi* se utiliza para describir la belleza austera de la vieja poesía japonesa, la del haiku que plasma con tres pinceladas al gorrión que busca su alimento entre las hojas caídas de otoño.

Retrocediendo aún más en el tiempo, tan pronto como en el siglo VIII vivió un monje budista llamado Mansei que practicaba una poesía pionera en el espíritu del *wabi sabi*.

Uno de los pocos fragmentos que se conserva de su obra dice:

¿A qué debo comparar este mundo?
¿A una estela blanca tras el barco que se aleja al amanecer?

¿Y para qué sirve la melancolía?

En una sociedad en la que parece que estamos obligados a vivir una felicidad constante, y donde la melancolía se medica para sofocarla, el *wabi sabi* nos procura una mirada profunda sobre la realidad que nos rodea, que no es alegre ni triste, sino que incluye ambas emociones a la vez, como acabamos de ver. Ahí radica su belleza.

Porque toda pérdida trae aparejada una ganancia: valorar aún más lo que nos queda. Cuando alguien supera una difícil enfermedad, tal vez sus fuerzas hayan menguado, pero adquiere un mayor aprecio de la vida. Especialmente si se ha paseado por el umbral de la muerte, ahora sabe el valor de cada momento y se apremia a disfrutarlo.

Lo mismo nos sucede al salir de un funeral. Al darnos cuenta de lo transitorio de la vida, nos proponemos abordarla de una manera más generosa, para no irnos de este mundo dejando cuentas pendientes con la felicidad.

Éste es uno de los beneficios de la melancolía. Al tomar conciencia del carácter pasajero de las cosas, les concedemos más importancia. Asimismo, nos procura una mirada más profunda sobre la realidad, como también sucede en el arte.

Podemos afirmar que una pieza musical llena de sutil melancolía es más profunda que una alegre marcha militar, del mismo modo que sería difícil escribir una buena novela sobre una pareja que se ama sin obstáculos o sobre una familia perfectamente feliz.

De hecho, un estudio publicado en la revista *Perspectives on Psychological Science* demostró que a las personas demasiado satisfechas con su vida les falta autocrítica y voluntad de superación, lo cual limita sus posibilidades de éxito.

En una encuesta realizada para este estudio, aquellos que puntuaron su nivel de felicidad en un 8/10 resultaron ser más exitosos que los que se pusieron un 9 (*muy felices*) o incluso un 10 (*extremadamente felices*).

La conclusión es que un grado de satisfacción demasiado alto puede nublar nuestra visión de la realidad y oxidar nuestras herramientas personales por falta de uso. Si todo es ya fantástico, no es necesario esfuerzo alguno para mejorar.

El novelista francés Gustave Flaubert iba aún más lejos y llegó a declarar que «para ser crónicamente feliz, uno debe ser también absolutamente idiota».

Más allá del talante provocador de esta frase, ciertamente un espíritu humano completo –y complejo– requiere acoger tanto la alegría como la tristeza.

Además de enseñarnos a apreciar la vida y aportar profundidad –y sabiduría– a nuestra mirada, la melancolía del *wabi sabi* tiene otros beneficios para nuestra vida personal:

- *Es una vía al autoconocimiento*, ya que la tristeza es un espejo que nos permite asomarnos a abismos dentro de nosotros que normalmente están fuera de nuestro alcance. La reflexión melancólica del *wabi sabi* no sólo nos aporta una mayor comprensión del mundo, también nos permite contemplar con claridad nuestra propia alma, que es un reflejo de lo que observamos.
- *Potencia nuestra empatía hacia los demás.* Tomar conciencia del carácter efímero y cambiante de la vida, de la felicidad y del dolor, nos permite comprender y ayudar mejor a las personas que están sufriendo, así como compartir con más pasión y presencia los momentos de celebración.
- *Nos vuelve más artísticos.* Bucear en la naturaleza *wabi sabi* de la realidad nos aporta nuevas ideas, amplía el ancho de banda de nuestra sensibilidad y nutre nuestras ganas de generar belleza. También nos vuelve más sofisticados, hasta el punto de aspirar a convertir nuestra vida en una obra de arte, al ser conscientes de su impermanencia.

Wabi sabi en Occidente

La filosofía del *wabi sabi* condensa la forma japonesa de entender la vida y la belleza, pero encontramos un enfoque análogo en algunos poetas occidentales. Concretamente citaré dos, uno irlandés y otro alemán, ambos fallecidos en la década de 1960.

El primero, Patrick Kavanagh, está considerado uno de los poetas más destacados de su país. Una de sus obras más célebres, *Wet Evening in April*,[1] nos remite a la evanescencia propia del *wabi sabi*, cuando la belleza triste del mundo nos transporta, como un sueño, fuera de nosotros mismos:

> *Los pájaros cantaban en los árboles mojados*
> *Y yo los escuchaba hace cien años*
> *Y yo estaba muerto y era otro quien los estaba escuchando*
> *Pero me sentía feliz porque yo había recogido para él*
> *la melancolía.*

Un poema menos críptico, y más *wabi sabi* si cabe, lo escribió Hermann Hesse poco antes de morir. El premio Nobel alemán estuvo siempre fascinado por Oriente, y conocía bien la estética japonesa, el zen y los versos de sus poetas tradicionales.

En *Crujido de una rama quebrada*, Hesse plasma con una imagen desnuda y poderosa la fragilidad y provisionalidad de la vida, pero también su heroica resistencia a sucumbir:

---

1. Tarde lluviosa de abril.

Rama en astillas quebrada
colgando año tras año,
seca cruje su canción al viento,
sin hojas, sin corteza,
raída, amarillenta, para una larga vida,
para una larga muerte fatigada.
Duro suena y tenaz su canto,
suena obstinado, suena secretamente amedrentado.
Todavía un verano,
todavía un invierno más.

PÍLDORA PARA MEDITAR

*Si tu objetivo es la perfección,
ésta teñirá todos los aspectos de tu vida
y quedarás cegado mientras te pierdes
por el lóbrego bosque de bambú.
Tu aspiración debe ser lo imperfecto
para lograr ver el bosque en todo su esplendor.*

3

De la rigidez a la espontaneidad

Descansa y sé amable,
no tienes que demostrar nada.

Jack Kerouac

Una lección esencial del *wabi sabi* es que las cosas son como son, no como desearíamos que fueran. De hecho, ni siquiera *son* de una manera absoluta, sino que cambian constantemente.

Buda advirtió, tal como hemos visto, que una fuente segura de sufrimiento es desear que sea permanente aquello que, por naturaleza, es transitorio. Algunos ejemplos:

- El coche acabado de estrenar que no tardará en recibir la primera rayada; con el tiempo, se abollará y empezará a averiarse. La ilusión de mantenerlo como nuevo es un sufrimiento absurdo.
- Una amistad que se va transformando con las diferentes fases de la vida. Hay momentos de alta, media y baja intensidad, se generan distancias, largos

silencios, afinidades e incomprensiones. Se necesita flexibilidad para ese viaje.

- Nuestro propio cuerpo envejece y va transmutando, como el hierro reluciente que cambia su brillo por el óxido que le confiere otra clase de belleza.

¿Qué sentido tiene el pensamiento rígido, la búsqueda de la perfección, en un mundo que se rige por la impermanencia?

Viajemos ahora dos milenios y medio en el tiempo, hasta la ciudad de Éfeso, donde un filósofo de la antigua Grecia ya reflexionó sobre el carácter cambiante de todo lo que existe, y que mencionamos brevemente en el capítulo dedicado al zen.

Vamos a profundizar un poco más en sus impermanentes aguas.

La doble rueda del cambio

Tal como sucede con los presocráticos, del pensamiento de Heráclito sólo se conservan algunos fragmentos, en buena parte de testimonios tras su muerte de quienes le habían escuchado.

Teofrasto, que dirigió la escuela peripatética durante 36 años, dijo de él que no llegaba a terminar nunca sus obras debido a su constante melancolía.

Entre los aforismos que nos han llegado, a menudo se cita erróneamente: *No se puede entrar dos veces en el mismo río*. En realidad, el fragmento original que se conserva es:

En los mismos ríos entramos y no entramos, pues somos y no somos los mismos.

Esta segunda traducción va más allá de la primera en cuanto a su sentido, ya que tiene una doble implicación:

- El río –la vida– cambia constantemente.
- El bañista –todos los seres humanos– cambian asimismo sin cesar.

Si todo cambia constantemente y el ser humano, a su vez, no deja de cambiar, lo permanente es un sueño imposible. Volvemos al *panta rei*, el «todo fluye», lo cual te incluye a ti mismo.

Asumiendo que lo único seguro es el cambio, una de las tres llaves de la existencia, como vimos en la primera parte del libro, ¿cómo sobrevivir sin que estas dos ruedas en constante movimiento choquen de forma violenta?

Ser como el agua

Hay personas cuya vida es como una partitura de música clásica, que requiere ser interpretada de un determinado modo, siguiendo un compás prefijado, con las notas justas y precisas. Otras son como una improvisación de jazz, siguen el dictado de la inspiración; tocan de oído, según lo que se mueve fuera y dentro de ellas.

Estas últimas disfrutarán del río que describía Heráclito, porque ellas mismas son río, y se funden con él momento a momento.

En la mítica última entrevista hecha a Bruce Lee en 1971, poco antes de su muerte, este genio de las películas de artes marciales reflexiona sobre el valor absoluto de la flexibilidad:

No te establezcas en una forma, adáptala y construye la tuya propia, y déjala crecer, sé como el agua. Vacía tu mente, sé amorfo, moldeable, como el agua. Si pones agua en una taza se convierte en la taza. Si pones agua en una botella se convierte en la botella. Si la pones en una tetera se convierte en la tetera. El agua puede fluir o puede chocar. Sé agua, amigo mío.

«Ser como el agua», aplicado a una vida *wabi sabi*, implica:
- Romper con los prejuicios y las ideas preconcebidas, no dando nada por supuesto.
- Mostrarse transparente, sin necesidad de impostar ni aparentar nada.
- Seguir la propia intuición, como la hoja que se deja llevar por las turbulencias del río.
- Creer en las propias capacidades, en la belleza de cada momento, en la sabiduría de la vida.
- No temer a los accidentes de la existencia, aunque a veces sean incómodos; confiar en el proceso más que en los objetivos.
- Desafiarte a ti mismo, haciendo cosas que normalmente no harías.
- Disolver el ego, fundiéndote en aquello que haces.

Los expertos en caligrafía que trazan el círculo *Ensō* lo hacen desde la espontaneidad absoluta, dejando que su cuerpo acompañe un trazo que se hace a sí mismo. Ésa es la máxima expresión gráfica de fluir con la vida.

La vía real a la sabiduría

Un relato tradicional cuenta que un peregrino recorría incansablemente los 88 templos de Shikoku en busca de la verdad.

Meditaba, hacía ofrendas en cada monasterio y gastaba sus sandalias por el camino. Sin embargo, superada la primera mitad del viaje, no había encontrado respuesta alguna.

Hasta que, bajo la luz dorada de la tarde, encontró bajo un árbol a un anciano monje que trataba de plasmar en un lienzo la claridad que pasaba de forma cambiante a través de los árboles.

Había oído hablar del monje pintor como el más sabio de la isla de Shikoku, así que imaginó que el monje tendría las respuestas que él buscaba.

Sin más demora, se sentó a su lado y le preguntó:

—Maestro, necesito que me responda a una pregunta que me atormenta desde que empecé este camino: ¿cómo puedo llegar a la Verdad?

Sin dejar de dar pequeñas pinceladas de tinta negra a su lienzo, el monje le dijo:

—Si realmente vas en busca de la Verdad, hay algo que deberás hacer por encima de cualquier otra cosa.

Esta respuesta inflamó el ánimo del peregrino que, lleno de esperanza, empezó a decir:

—¡Lo sé! Debo practicar más, ¿verdad? Dedicar más horas a la meditación, hacer jornadas más largas en mi peregrinaje, ayunar y…

El monje sacudió suavemente la cabeza, a la vez que en su rostro se formaba una sonrisa. Esperó a que el ansioso peregrino callara para finalmente decir:

—Lo que necesitas hacer siempre, por encima de cualquier otra cosa, es reconocer que puedes estar equivocado.

PÍLDORA PARA MEDITAR

Sé que soy la misma persona desde que nací,
dentro del mismo cuerpo y de la misma mente.
También mis pensamientos están siempre conmigo,
pero si lo que pienso y siento
fluye a cada segundo de mi vida…
¿Sigo siendo yo?
¿O quién soy yo, entonces?

4

Wabi sabi y creatividad

Aprende a cultivar la virtud de la humildad.
Nadie de nosotros es perfecto.
Todos cometemos errores,
tanto en nuestra vida personal
como en nuestras creaciones artísticas.

Katsushika Hokusai

Hay un estrecho vínculo entre creatividad e incompletitud, que es uno de los rasgos de la filosofía *wabi sabi*.

Siempre se ha dicho que el artista intenta compensar, a través de su obra, las carencias que encuentra en su vida. Así, de algún modo, el acto de crear es un desafío a la muerte y la decadencia, una forma de resurrección.

Quien fuera probablemente el escritor occidental más relevante del siglo xx, Franz Kafka, tenía una vida que distaba mucho de ser satisfactoria. Con una relación tortuosa con su padre, aborrecía su trabajo de abogado para una empresa de seguros, aunque utilizó las situaciones que vivió en los juzgados para componer obras como *El proceso*, *El castillo* o *La metamorfosis*.

En esta última, la más conocida entre los jóvenes, el comerciante que se despierta convertido en una enorme cucaracha, lejos de entender su nuevo estado, centra sus esfuerzos en intentar volver a la oficina que le paga el sueldo con el que mantiene a su familia.

Es una alegoría cruel de lo que debía de sentir el escritor de Praga de lengua alemana al ejercer su oficio. Sin embargo, Kafka encontró una manera magistral de llenar el vacío de lo que le parecía una vida sin sentido. Cada día, al regresar del trabajo, dormía una siesta de tres o cuatro horas, y luego escribía toda la noche hasta altas horas de la madrugada.

Gracias a eso, podía sentirse completo, aunque la existencia sea un círculo *Ensō* que nunca se cierra. Gracias a la traición piadosa de su amigo Max Brod, a quien el escritor, a las puertas de la muerte, encargó destruir todos sus manuscritos, ese deseo de completar una realidad insuficiente ha iluminado a millones de lectores.

En el ámbito privado, sin embargo, en los diarios escritos por Kafka entre el 1910 y 1923 es interesante ver cómo experimentaba la soledad el escritor:

Estar solo tiene un poder sobre mí que nunca falla. Mi interior se disuelve (por el momento, sólo superficialmente) y está listo para liberar lo que yace más profundo. Cuando estoy voluntariamente solo, un ligero orden de mi interior comienza a emerger y no necesito nada más.

Esta experiencia en la que el ego se desvanece se asemeja a la meditación profunda o incluso al *advaita* hindú, en el que el individuo se funde con la totalidad hasta desaparecer.

Olvídalo todo. Abre las ventanas. Despeja el cuarto. El viento sopla a través de él. Sólo ves su vacío, buscas en cada esquina y no te encuentras a ti mismo.

Una experiencia de unidad

H.E. Davey Sensei, uno de los mejores artistas de *shodō* –la caligrafía japonesa a pincel– fuera de Japón y autor de numerosos artículos y libros sobre las artes niponas, explica en *The Japanese Way of the Artist* algunas claves de cómo el *wabi sabi* define de forma especial el arte japonés:

La belleza no es lo contrario de la fealdad, sino que la belleza reside en un estado más allá que incluye todos los opuestos; la belleza, así, se encuentra en la naturalidad.

Naturalidad es uno de los principios del *wabi sabi* que se inspira en la naturaleza, donde todo es imperfecto, incompleto y efímero.

Sin embargo, como hemos visto antes, al practicar su arte el creador se siente realizado y completo, quizás porque, como afirma el propio H.E. Davey: *El presente está fuera del tiempo.*

Ésta es una de las bendiciones del acto creativo. Cuando el pincel toca el lienzo o los dedos se colocan en las letras del teclado, el pasado deviene retazos de un sueño y el futuro se adivina como un oasis improbable. La creación es siempre *ahora*, ya que nos sitúa en un estado de *flow* en el que el creador se funde con lo creado, en una singular y reveladora experiencia de unidad. Las artes japonesas buscan esta fusión entre el individuo y lo que está haciendo, y no sólo en disciplinas como la caligrafía, la acuarela o la poesía.

Tal como señala H. E. Davey en *The Japanese Way of the Artist*, «En el arte japonés del manejo de la espada, no es poco común hablar de una unidad de mente, cuerpo y espada».

El viaje de Mishima

Mi compatriota Yukio Mishima, que en 1968 perdió su candidatura al Nobel a favor de Kawabata, plasmó en sus obras la capacidad del arte y de la existencia vivida como un arte para desprendernos de lo que somos, incluyendo nuestro pasado.

Ese estado de *flow* en el que estamos «fuera del tiempo» es como una travesía que nos lleva más allá de nosotros mismos, como refleja este fragmento de *El color prohibido* del autor que se quitó la vida –siguiendo el ritual del *seppuku*– en 1970, cuando tenía sólo 45 años:

Emprender un viaje produce un sentimiento misterioso. Uno cree haberse liberado no sólo de los lugares que quedan a sus espaldas, sino también del tiempo que deja detrás de sí.

Sin duda, la creación nos brinda este viaje. Al igual que el explorador entregado se olvida del lugar de donde viene, y su cuerpo y su mente están sólo al servicio de la aventura, el verdadero artista es un instrumento de la transformación.

También como espectadores de lo bello –y lo triste, como diría Kawabata–, a veces experimentamos un sentimiento de pérdida, porque todo lo que resplandece está, al mismo tiempo, iniciando su declive, apagando su estrella.

Mishima lo explica así en su obra de autoficción *Confesiones de una máscara*:

Los labios y los ojos de Sonoko resplandecían. Su belleza me deprimía y despertaba en mí una sensación de impotencia. Esa misma sensación es la causa de que Sonoko me pareciera aún más efímera.

Cruzar el umbral mágico

El arte y el viaje —exterior o interior— como disolución del ego está muy presente en la obra más emblemática de Joseph Campbell, *El héroe de las mil caras*.

El mitólogo estadounidense publicó en 1949 su hallazgo de que hay una estructura común en las grandes aventuras de los héroes, incluso en culturas que nunca han tenido contacto entre ellas. Esto se aplica a obras de ficción, desde *La Odisea* a *La guerra de las galaxias*, aunque otros autores han añadido que este mismo «argumento» se encuentra en la historia vital de personajes como Moisés, Buda o Cristo.

En palabras del propio Campbell:

El héroe se lanza a la aventura desde su mundo cotidiano a regiones de maravillas sobrenaturales; el héroe tropieza con fuerzas fabulosas y acaba obteniendo una victoria decisiva; el héroe regresa de esta misteriosa aventura con el poder de otorgar favores a sus semejantes.

Entre las 17 etapas comunes a ese viaje, es interesante ver cómo las primeras afectan de igual manera al héroe que al artista incipiente:

1. *La llamada de la aventura.* A través de una nueva información, el héroe se siente impulsado a abandonar el mundo conocido, la normalidad, para la aventura que le reclama. / El artista siente que algo nuevo bulle en su interior, una fuerza creativa que pide que se aventure en el arte.

2. *El rechazo de la llamada.* El héroe se resiste a dejar la zona de confort, tal vez por la obligación que tiene hacia los suyos o debido al temor que le provoca la nueva aventura. / El artista, en sus primeros compases, se resiste a creer que está capacitado para iniciar su obra. Tiene que luchar contra sus propios miedos y creencias antes de ponerse en camino.

3. *El mentor o La ayuda sobrenatural.* Una persona de su entorno con más conocimiento o incluso un ayudante mágico convence al héroe de que inicie su aventura y le da las primeras indicaciones. / El artista obtiene el apoyo de un tutor o bien recibe un fogonazo de inspiración divina. No le queda más remedio que iniciar su aventura creativa.

En la cuarta etapa del monomito, *el cruce del primer umbral*, el héroe o el artista ya se ha entregado a la aventura, dejando atrás el mundo conocido e ingresando en uno nuevo del que no conoce las reglas ni las consecuencias. Y entonces llega el momento cumbre, la quinta etapa, *el vientre de la ballena*, en el que se produce la disolución y el renacimiento:

La idea de que cruzar el umbral mágico es un tránsito hacia una esfera de renacimiento aparece simbolizada en

*todas las culturas por el vientre de la ballena. El héroe [...]
es tragado por lo desconocido y parece haber muerto. [...] En
lugar de avanzar hacia fuera, más allá de los confines del
mundo visible, el héroe va hacia dentro, a fin de renacer de
algún modo. [...] El templo interior, el vientre de la ballena
y la tierra celestial del más allá, por encima y por debajo de
los confines del mundo, son una y la misma cosa. Por eso, los
accesos y las entradas a los templos están flanqueados y defen-
didos por gárgolas colosales: dragones, leones, demonios ase-
sinos con las espadas desenvainadas, enanos resentidos, toros
alados. El fiel en el momento de entrada en el templo sufre
una metamorfosis. Una vez en su interior, puede decirse que
ha muerto en el tiempo y regresado a la Matriz Universal, el
Ombligo del Mundo, el Paraíso Terrenal».*

Diario *wabi sabi*

No es necesario escribir una gran novela, siguiendo *El camino del héroe*, para desatar tu creatividad y cruzar el umbral. Puedes entrar en el vientre de la ballena si liberas tu
energía creativa de forma honesta.

Escribe cada día un listado de experiencias *wabi sabi*
que hayas tenido. Si ya escribes un diario, sigue haciéndolo.
Simplemente, añade una pequeña sección al final de cada
día. Analiza tu jornada a través de las tres dimensiones del
wabi sabi que vimos al principio del libro.

- *Dimensión de la filosofía:*
  - ¿Qué ha sido lo más *wabi sabi* de tu día?

- ◉ ¿Y lo menos *wabi sabi?*
- *Dimensión del arte:*
  - ◉ ¿Qué objetos, edificios, música, libros o detalles *wabi sabi* te has encontrado durante el día?
  - ◉ ¿Qué te han hecho sentir?
- *Dimensión de la práctica:*
  - ◉ ¿Has vivido acorde con los principios del *wabi sabi*?
  - ◉ ¿Has tomado descansos para no hacer nada o te has dejado llevar por las prisas?
  - ◉ ¿Has reaccionado de forma especialmente emocional ante algún evento?

Para terminar, escribe un haiku antes de cerrar el diario.

Ejercicio, cómo escribir un haiku

1. Tiene que ser simple, con tres versos breves como pinceladas.
2. Utilizaremos pocos verbos (a veces ninguno).
3. El haiku debe capturar un instante como una fotografía.
4. La naturaleza o el entorno urbano deben estar presentes.
5. Puede haber una referencia a la época del año.
6. La emoción del artista ha de sobrevolar el texto.

Cierra los ojos por un breve espacio de tiempo. Visualiza algo bonito que te haya pasado o hayas visto durante el día. Abre los ojos y escribe lo que has visualizado sin analizarlo ni darle más vueltas, simplemente escríbelo.

Ejemplos de haiku de mi propio diario:

azul de la primavera,
camino hacia Yoyogi,
olor a ramen

hombres de negocios,
caminan deprisa,
un monje en la esquina

un gato visita un museo,
vuelve a su guarida,
ronrón.

copos se acumulan en la veranda,
suena música de Bach,
llaman al timbre

ojos de otro universo,
un pétalo de sakura,
el viento la despeina

silencio,
el aire se llena de notas de piano
silencio

olor de café,
leer una novela,
fin de la historia

el sol calienta la terraza,
Tama duerme la siesta,
de repente, una nube tapa el sol.

III

EL *WABI SABI* COMO FORMA DE VIDA

PÍLDORA PARA MEDITAR

*El arce tiñe de ocres el otoño,
el ciervo alza la mirada
trazando su anhelo en el cielo,
las nubes del atardecer nos vigilan
dibujando sombras en los prados
barridos por la brisa,
mientras yo escribo.*

1

La imperfección como camino a la excelencia

Hay una grieta en todo,
así es como la luz entra.

Leonard Cohen

En mi último viaje a la India, conocí una mujer llamada Sangeeta. Es directora de varias escuelas en el norte de Calcuta y me explicó que, el primer día de curso, a los nuevos alumnos que acaban de ingresar siempre les cuenta la historia que sigue.

Un campesino que vivía en el norte de Jaipur iba a por agua todos los días al manantial más cercano a su granja. Para cargar con el agua, llevaba un palo largo de madera apoyado en el cuello. De cada punta del bastón colgaban dos cubos que llenaba en la fuente.

Al cabo de un tiempo, al regresar a casa después de ir a por agua, se dio cuenta de que uno de los cubos estaba medio vacío. Al parecer, tenía una pequeña grieta. El campesino decidió seguir usando el cubo roto durante años.

El cubo que siempre llegaba lleno estaba orgulloso de sus logros. Cada día le echaba en cara al otro cubo el problema con sus imperfecciones.

—Siempre se te cae el agua por el camino –dijo el cubo perfecto–. Haces la mitad de mi trabajo, ¡eres un inútil!

—Lo siento mucho… Me avergüenzo de tener esta grieta que hace que el agua se pierda –se disculpaba el cubo imperfecto.

Avergonzado por su imperfección, el cubo que siempre llegaba medio vacío comenzó a deprimirse y cada vez hablaba menos.

Un día, el campesino escuchó la conversación entre ambos cubos. Y dirigiéndose al cubo imperfecto, le dijo:

—¿Te has dado cuenta de que han salido flores preciosas en tu lado del sendero, pero al otro lado no hay más que tierra y piedras?

El cubo perfecto, sin saber qué decir, miró con envidia y celos al cubo imperfecto.

—Fui plantando semillas en tu lado del camino y cada día tú las ibas regando cuando volvíamos a casa juntos –siguió explicándole el campesino–. Durante los últimos años, he ido recogiendo algunas de estas flores para decorar los rincones de mi casa. Sin ti nunca habría tenido esta belleza que me rodea.

Enemigo de lo bueno

Todos nos podemos identificar con el cubo roto. Muchas veces centramos toda nuestra atención en los defectos y las cosas que no van todo lo bien que habríamos deseado.

Sin embargo, ya decía Voltaire que *Lo perfecto es enemigo de lo bueno.* Si sólo vemos nuestros defectos, perderemos la confianza en nosotros mismos y viviremos tristes como el cubo roto.

Las exigencias de la vida moderna, sin embargo, nos empujan a intentar ser como el cubo perfecto. Se supone que debemos alcanzar el éxito, conseguir dinero y popularidad en las redes, mejorar en todo momento siguiendo los consejos de libros y gurús de Internet...

Y ahí estriba el peligro. Si nos obsesionamos en perfeccionar nuestras vidas, con suerte terminaremos siendo como el cubo lleno: arrogantes y sin corazón. Sin espacio, tampoco, para aprender las cosas verdaderamente importantes de la vida.

La sabiduría está en saber ver la existencia como el campesino.

Al igual que la grieta del cubo, cada defecto al mismo tiempo es una virtud, así como cada pérdida nos procura una ganancia.

Te propongo ahora que cierres los ojos para indagar dentro de ti mismo. Busca en tu memoria fases de tu vida en lo que algo no fue según lo previsto, pero luego sucedió algo inesperado, surgieron nuevas oportunidades o bien aprendiste algo valioso que de ninguna otra forma habrías adquirido.

Piensa en el camino que te llevó a conseguir los éxitos de tu vida. ¿Fue liso y perfecto o lo encontraste lleno de baches, rodeos y desniveles?

Casi siempre, lo mejor de la vida está lejos de ser perfecto.

Vida centrada en buscar la perfección	Vida de acorde con el *wabi sabi*
Nunca terminas un proyecto porque siempre encuentras detalles que hay que mejorar.	Aprendes cuál es el momento de terminar. ¿Quizás cuando sientas que has logrado el 80 o 90 %? La imperfección de nuestros proyectos, y de la vida misma, es lo que les da sabor.
Te obsesionas en compararte con otros. Te hallas en un estado de continua frustración porque, aunque mejores, siempre encontrarás a alguien que te supere.	Aceptas que siempre habrá personas con más éxito, más belleza o más fortuna. En lugar de frustrarte o de hacerte sentir menos, es una fuente de inspiración.
Nunca sientes que eres suficiente para el mundo o para ciertas personas.	Dejas de pensar que el mundo u otras personas esperan nada de ti.
Obsesionado con la perfección, fijas tu mirada en los dones de los demás.	Aprendes a quererte, a apreciar la belleza y el milagro que eres.
Tanto tu cuerpo como tu mente se encuentran en un estado continuo de estrés, porque sientes que siempre hay algo más que hacer y que mejorar.	Dadas las circunstancias, lo has hecho lo mejor que podías. Es momento de celebrar y dejar que la mente y el cuerpo se relajen.

Te castigas con pensamientos del estilo: «si hubiera hecho esto o aquello todo habría ido mejor», «si hubiera sido más asertivo, no tendría que comerme este marrón ahora», «si hubiera negociado mejor…», «si no hubiera tomado esta o aquella decisión…».	Sabes que inevitablemente las cosas no van a ir siempre bien. En la vida, como en la ciencia, se avanza por prueba y error.

Un largo camino

Hace dos milenios, Marco Aurelio ya nos recordaba que *el universo es transformación, mientras que la vida es opinión.* Y no hay prisa para lograr esta transformación.

Encontramos un ejemplo encomiable de esta actitud *wabi sabi* ante la vida y sus vicisitudes en Katsushika Hokusai, un pintor y grabador japonés del período Edo. Perteneciente a la escuela de «pinturas del mundo flotante», como era llamada, su propia vida era un continuo navegar de una identidad a otra.

De hecho, a lo largo de su carrera como artista utilizó un sinfín de seudónimos, como Sori, Kako, Manji, Taito y muchos otros. Conocido en todo el mundo por «La gran ola de Kanagawa», primera obra de su serie «Treinta y seis vistas del monte Fuji», la visión que tenía de su arte y de su propia vida no podía ser más *wabi sabi*:

A la edad de cinco años tenía la manía de hacer trazos de las cosas. A los 50 años, había producido un gran número de dibujos. Con todo, ninguno tuvo un verdadero mérito hasta los 70. A los 73, finalmente, aprendí algo sobre la verdadera forma de las cosas, pájaros, animales, insectos, peces, hierbas o árboles. Por lo tanto, a los 80 habré hecho un cierto progreso. A los 90 habré penetrado en el significado más profundo del mundo. A los 100 habré llegado finalmente a un nivel excepcional. Y a los 110, cada punto y cada línea de mis dibujos poseerán vida propia.

Su mente de principiante le acompañó hasta el fin. Hokusai nunca se sintió como alguien que ha llegado a ningún sitio, sino que era un artista y un hombre en proceso, como su gran ola, que no tiene principio ni final.

PÍLDORA PARA MEDITAR

«Un paso más allá hay oscuridad»
reza un dicho popular japonés,
que recoge una gran verdad que nos une a todos los humanos.
Preferimos el presente al futuro porque
tenemos la falsa sensación de que, aquí y ahora,
está todo bajo control.
El futuro nos causa miedo e inseguridad,
porque desconocemos cómo será,
está fuera de nuestro control.
Pero el futuro, en algún momento,
se convertirá en presente.
Por lo tanto, en realidad, tanto el presente como el futuro
están fuera de nuestro control.
Y es bello y emocionante que sea así.

2

W*abi sabi* y resiliencia

Todos los padecimientos pueden soportarse si los pones dentro de una historia.

Boris Cyrulnik

En una ocasión, un alumno de piano me preguntó:

—¿Para qué tocar el piano si hoy en día mi *tablet* o mi *smartphone* pueden hacerlo automáticamente mejor que yo?

A continuación, me enseñó varias aplicaciones que tocaban música a partir de partituras. Yo le expliqué:

—Tu teléfono móvil con esa partitura de Debussy toca siempre exactamente del mismo modo cada vez. En cambio tú, con tus emociones y tus imperfecciones, nunca interpretarás igual la partitura. Un día soleado en el que acabes de enamorarte no tocarás igual que un día nublado en el que un familiar haya muerto. La música no es sólo la partitura, tú eres también parte de la música. El arte te incluye en la experiencia; tus imperfecciones de ser humano también son parte de la obra.

De hecho, pensé después, cuando el alumno se hubo ido, la función del arte no es crear algo perfecto, su misión es revelar la armonía interna de la naturaleza.

Coda: la belleza del final

La resiliencia es el arte de navegar por los torrentes de la vida, sin dejar que los traumas del pasado condicionen tu presente y tu futuro. Todos sufrimos altibajos en la existencia, pero si somos resilientes tendremos las herramientas para superar las adversidades.

Sobre esto, hace un par de años salió a la luz un documental que no deja indiferente a los que lo han visto. Se trata de *Coda*, donde mi compatriota Ryuichi Sakamoto repasa su carrera a la vez que muestra con una honestidad sorprendente las dificultades de su día a día.

Quien ha estudiado música sabe que la coda es la parte final de una pieza donde muchas veces se repiten los mejores motivos.

Y justamente eso es lo que hace Sakamoto en el documental, tras serle diagnosticado un cáncer de garganta. El actor y compositor revisa su vida, a la vez que muestra con una transparencia muy valiente sus visitas al médico, el cóctel de pastillas que toma cada día, las dificultades y la incertidumbre en la que le sume una enfermedad que podría acabar con su vida.

Es un documental de tono melancólico y algo lúgubre, que se desarrolla con la lentitud de las viejas películas japonesas, con mucha atención al detalle y a los matices de la vida cotidiana.

Además de este doble ejercicio de recordar y sobrevivir, una tercera línea narrativa nos sumerge de lleno en la práctica cotidiana del *wabi sabi*. Más allá de su dimensión artística, Sakamoto es un conocido activista por la paz y el medio ambiente. A partir de la catástrofe de Fukushima, el documental muestra cómo se entrega a una gesta personal tan singular como significativa.

Tras rescatar del tsunami un piano que había estado sumergido en el mar, Sakamoto trata de restaurarlo con sus propias manos, una tarea imposible de completar en un instrumento tan delicado. Él sabe que es imposible que el Yamaha de media cola vuelva a sonar afinado, pero aun así trata de recomponerlo en lo posible.

Al final del documental, mientras lucha por recuperarse y se interroga por el futuro del mundo, acaba grabando un álbum liberando de sus teclas lo que parecen lamentos de una bestia submarina.

Sakamoto no sabe cuánto llegará a vivir, cuál será la duración de su coda, pero mientras tanto salvar el piano del naufragio es su manera de aportar belleza al mundo. Una belleza imperfecta, como la esencia del *wabi sabi*, pero en todo caso esperanzadora. Su mensaje es: no todo está perdido; lo que está roto puede recomponerse, donde hubo dolor puede generarse amor y belleza.

Hay vida en lo que está roto

El piano rescatado por Sakamoto será para siempre imperfecto, y el artista jamás podrá completar su sueño de restaurarlo, por el alcance de los daños y la finitud de su propia vida, pero aun así la belleza sigue latiendo en el centro de su motivación.

De un músico a otro, hay una anécdota sobre Itzhak Perlman que cuenta el escritor y conferenciante Álex Rovira que es especialmente reveladora en este sentido.

Lo que sigue sucedió cuando el violinista israelí ofreció un concierto en el Lincoln Center de Nueva York. Perlman tiene serias dificultades físicas para desplazarse, debido a las secuelas de una poliomielitis contraída en la infancia que le ha limitado toda su vida. Tiene dificultades para subir al escenario, donde necesita tocar el violín sentado.

Aquella velada, frente al auditorio abarrotado que esperaba escuchar su virtuosismo, tras dejar a su lado las muletas y desabrocharse los aparatos que sujetaban sus piernas y cintura, acomodó el violín a su barbilla y, justo cuando el director de la orquesta daba inicio al concierto, ocurrió un desafortunado accidente: una de las cuerdas del violín se rompió.

Al oírse el chasquido, el público supuso que se suspendería el concierto hasta que se pudiera reponer la cuerda. Sin embargo, para asombro de todo el mundo, Perlman siguió tocando con el mismo entusiasmo y entrega, como si aquella cuerda no faltase.

Para poder tocar la pieza con sólo tres cuerdas, Perlman tuvo que adaptar la ejecución a tiempo real, logrando una interpretación de especial belleza y rara expresividad.

Al terminar, el público quedó sumido en un profundo silencio, hasta que empezaron a levantarse espectadores que aplaudían emocionados aquella gesta llena de belleza y resiliencia. Al final, el auditorio entero estalló en una atronadora ovación.

Se cuenta que Perlman, tras secarse el sudor con un pañuelo que bañaba su rostro, se inclinó desde su silla lleno de gratitud y luego levantó el arco para indicar al público que quería hablar. Cuando volvió el silencio a la sala, el heroico violinista dijo:

—¿Saben lo que ocurre?… Hay momentos en los que la tarea del artista es saber cuánto puede llegar a hacer con lo que le queda.

Sobre esta emotiva anécdota, Álex Rovira reflexiona así: *Ésa es la cuestión que quizás debiéramos trasladarnos continuamente a nuestras vidas: ¿Qué podemos hacer con lo que tenemos, con lo que nos queda? Si tenemos en cuenta que siempre nos faltará algo, que siempre habrá algo que mejorar, que muchas veces deberemos interpretar nuestras piezas en la vida con una cuerda de menos en nuestro violín… Aquí, en esta capacidad de entregarnos a la vida con lo que tenemos ahora, incompletos, frágiles, aparece el coraje: ¿Qué podemos hacer con lo que nos queda?*

Las lecciones del *kintsugi*

Podemos responder a esta pregunta con un arte japonés lleno de humana belleza: el *kintsugi*, que utiliza pasta de oro para recomponer piezas rotas. Las vuelve resilientes.

El hecho de utilizar este llamativo material dorado, en lugar de disimular la rotura utilizando el mismo color, encierra una filosofía que puede aplicarse al espíritu humano:

- Todo objeto tiene una historia. Al mostrar sus heridas, dejamos que nos la cuente, y eso le otorga más valor. *Lección 1 del kintsugi: no hay que ocultar las cicatrices, son parte de nuestra historia.*
- Haber sufrido un accidente hace más interesante la taza, el jarrón o la pieza que hayamos recompuesto. De hecho, eso le otorga un valor superior a un objeto impecable, recién salido de fábrica. *Lección 2 del kintsugi: lo que hemos sobrevivido para llegar hasta aquí es nuestro mayor tesoro.*
- El accidente que no nos lleva al abandono, como Perlman con su violín, se convierte en una fortaleza y en una fuente de conocimiento. Tal como decía Rumi, el gran poeta persa, *«la herida es el lugar donde la luz entra dentro de ti»*. *Lección 3 del kintsugi: los accidentes son iluminadores.*

Alcanzada cierta edad, todos somos de un modo u otro vasijas rotas y recompuestas que siguen albergando vida. Quien más quien menos ha sufrido fracasos amorosos, decepciones de amigos o familiares, así como pequeñas o grandes catástrofes en el ámbito profesional o incluso de la salud.

La gran cuestión, como decía el violinista israelí, es qué hacer con lo que nos queda.

Frente a los golpes del destino, podemos tomar básicamente dos posturas existenciales:

1. Maldecir nuestra mala suerte o culpar a terceros, llevando nuestra responsabilidad fuera de nosotros, sin hacer nada para solucionar nuestros problemas.

2. Implicarnos en nuestro destino, dando los pasos necesarios para mejorar lo presente, recomponiendo lo que se ha roto de modo que podamos seguir adelante.

Esta segunda vía es un camino que nos lleva a una profunda transformación. Tras haber sufrido o fracasado, si nos levantamos seremos mejores que antes, porque habremos adquirido experiencia y resiliencia, que es el arte de renacer pese a todos los accidentes de la vida.

Sobre esto, el novelista norteamericano Ernest Hemingway decía: «El mundo rompe a todos, y después, algunos son fuertes en los lugares rotos».

El abono de la dificultad

Tenemos un raro ejemplo de resiliencia en el poeta y dramaturgo Derek Alton Walcott, natural de Santa Lucía, una pequeña isla volcánica del Caribe.

Sus abuelas descendían de esclavos, y su padre había sido un acuarelista bohemio que murió cuando él era pequeño. Derek también sufrió a muy corta edad la muerte de su hermano gemelo, lo cual le dejó una huella que le acompañaría hasta el resto de su vida. Estas experiencias dramáticas aumentaron más aún su interés en el arte y la literatura, como bálsamo para el dolor a la vez que medio para conocer y expresar las dificultades de la existencia.

Tras abandonar su isla natal, Derek Alton Walcott llegaría a ser profesor de la Universidad de Boston, ciudad donde fundó un teatro. En 1992 recibió el premio Nobel de Literatura.

Su poema «El amor después del amor» es una muestra de su incombustible espíritu vital:

Un tiempo vendrá
en el que, con gran alegría,
te saludarás a ti mismo,
al tú que llega a tu puerta,
al que ves en tu espejo
y cada uno sonreirá a la bienvenida del otro,
y dirá, siéntate aquí. Come.
Seguirás amando al extraño que fuiste tú mismo.
Ofrece vino. Ofrece pan. Devuelve tu amor
a ti mismo, al extraño que te amó
toda tu vida, a quien no has conocido
para conocer a otro corazón
que te conoce de memoria.
Recoge las cartas del escritorio,
las fotografías, las desesperadas líneas,
despega tu imagen del espejo.
Siéntate. Celebra tu vida.

PÍLDORA PARA MEDITAR

Miro las estrellas titilando
y bajo la mirada a mis manos.
Al respirar hondo,
emerge una breve pausa en la eternidad.
Soy polvo de estrellas
y a la vez conciencia.

3

Crear espacio

La vida es realmente simple,
pero insistimos en hacerla complicada.

Confucio

Tu vida no es una bandeja de entrada de e-mail.

Sólo vivimos de verdad los días que hemos dado y recibido amor, el resto es tiempo que olvidaremos y seremos olvidados. Cuando un familiar, un amigo o conocido me dice que «está muy ocupado», sé que padece estrés. Cuando noto que soy yo quien respondo a otros diciendo que «estoy muy ocupado», sé que es el momento de hacer una pausa y crear espacio en mi vida.

Sobre esto, se cuenta que Nanin, un maestro zen de la era Meiji, recibió a un profesor de universidad que quería aprender sus enseñanzas. Antes de eso, el ilustre visitante se esforzó en contarle todos sus méritos académicos, sus logros y visiones sobre la buena gobernanza del país.

Nanin sirvió té hasta llenar la taza de su invitado, y sin parar siguió sirviendo.

El profesor, viendo que estaba derramando el té en el tatami, exclamó:

—La taza está llena, ¡ya no cabe más!

—Al igual que esta taza –respondió Nanin–, tú también estás lleno de tus opiniones y pensamientos. No te puedo enseñar zen a no ser que vacíes primero tu taza.

Como el profesor de universidad, debemos vaciar nuestra vida de todo aquello que no necesitamos, liberar espacio, antes de añadir nuevos conocimientos, obligaciones o compromisos. Eso requiere disciplina y nos obligará a cambiar ciertos hábitos. Se trata de estar en el *mindset* adecuado. Y no sólo se trata de trabajo o de participar en actividades.

A veces, nuestra mente se llena de preocupaciones y pensamientos improductivos que se repiten sin cesar. Si estamos muy estresados, puede llegar a ser abrumador, y tal vez nos embargue la sensación de que vamos a explotar como una olla a presión fuera de control.

En estos momentos delicados nos sentimos tan llenos que queremos vaciar todo y reiniciar nuestras vidas. Algunos eligen la vía del escapismo: alcohol, drogas, vicios insanos… Pero estas estrategias en realidad no están creando espacio; son simples vías de escape, luego volverás al mismo lugar.

Existen formas más sanas de crear espacio en nuestras vidas, como veremos a continuación.

Crea espacio en nuestra vida	**Llena de ruido nuestra vida**
Establecer un horario limitado para mirar el e-mail y similares.	Mirar nuestro e-mail, mensajes o notificaciones nada más despertarnos por la mañana y antes de acostarnos.
Seleccionar el tiempo y las personas con las que queremos estar.	Quedar con cualquiera y aceptar todos los compromisos sociales que nos ofrecen.
Saber en todo momento cómo identificar lo importante y lo urgente, sabiendo priorizar.	Dejar que lo urgente se coma todo lo demás de nuestra vida.
Actuar por gratificación personal, no para intentar complacer o impresionar a otros.	Hacer más y más cosas para impresionar y complacer a otros.
Dar un paseo sin rumbo.	Caminar sólo cuando es absolutamente necesario para ir del punto A al punto B.
No hacer nada durante un rato.	Llenar cada minuto del día con cosas que hacer; si tenemos un rato libre, nos ponemos a mirar la pantalla del *smartphone*.

Escapismo	Crear espacio con armonía
Abuso de alcohol.	Cenar en un lugar nuevo con personas que amamos.
Drogas.	Dedicar tiempo a hacer ejercicio y cuidar de nuestro cuerpo.
Juego sin control y apuestas.	Jugar a juegos de mesa con nuestros seres queridos.
Ver películas y series sin control.	Planear una noche a la semana de cine en casa con tu familia, disfrutando de cada minuto cuando estás viendo la película.
Trabajar en exceso (*sí, son muchos los que se refugian en el trabajo porque no quieren afrontar la realidad*).	Trabajar lo necesario, sabiendo cuándo parar y disfrutando de lo que hacemos.
Viajar para escapar del estrés que sentimos en nuestro día a día.	Viajar para descubrir y disfrutar.

No pasa nada si somos imperfectos

Siempre que paso por el barrio de Shinjuku, me gusta visitar la librería Kinokuniya. Reviso la sección de libros de auto-ayuda y la tendencia general que he notado en casi todos ellos es que nos dan ideas de cómo hacer más y más cosas para mejorar nuestras vidas. La mayoría –no todos– de los libros de autoayuda nos dan recetas que añaden mecanismos a nuestras vidas para optimizar nuestro trabajo, ser más productivos, perfeccionar nuestros dones y tener más éxito.

Cuando leo esta clase de libros, en vez de sentirme bien, tengo la sensación de ser insuficiente y me estreso, como si tuviera que estar siempre haciendo cosas, una tras otra, para alcanzar la excelencia. Siento como si desde esos libros me gritaran:

—¡Tienes que meditar todos los días!

—¡Tienes que hacer ejercicio todos los días!

—¡Tienes que hacer esto o lo otro!

Mi filosofía es diametralmente contraria a este apremio que promueven muchos libros de autoayuda.

No pasa nada si no somos productivos cada minuto. No pasa nada si no estamos 18 horas al día despiertos, machacando tareas de una lista. Podemos sentirnos bien no haciendo nada: relajados dando un paseo sin rumbo, sentados tomándonos un té mirando por la ventana…

No pasa nada si somos imperfectos.

Para conquistar la felicidad y la serenidad, eliminar cosas que nos roban energía es mejor que añadir nada.

El problema es que muchas veces vamos corriendo tanto por la vida que ni siquiera sabemos qué cosas nos están perjudicando. El primer paso, por lo tanto, es empezar a distinguir lo negativo de lo positivo en nuestra vida.

En mis épocas de mayor estrés en Tokio, utilicé este *Diario de las dos preguntas*, que se pueden escribir en menos de cinco minutos al día:

El diario de las dos preguntas

¿Qué me ha aportado energía hoy?

1.

2.

3.

¿Qué me ha robado energía hoy?

1.

2.

3.

Cuando hayas escrito tu diario de las dos preguntas durante una o dos semanas, relee todos los resultados y elige tres cosas que se hayan repetido en la sección *¿Qué me ha robado energía hoy?*

Pasa a la acción y busca soluciones para no pisar estas minas en el futuro. A veces la solución es eliminar algo; en otras ocasiones, requerirá un cambio en tu forma de llevar a cabo tus rutinas diarias.

Mi experiencia al escribir este diario en mis épocas más estresantes es que en el *¿Qué me ha robado energía hoy?* se solían repetir las mismas respuestas un día tras otro. Esto me daba una visión clara de qué cosas me hacían sentir mal y tenía que empezar a eliminar.

En última instancia, me permitió darme cuenta de que una de las cosas que me robaba energía en mi vida era vivir en la gran ciudad, y por eso tomé la decisión de mudarme.

Cada vez que siento que estoy demasiado ocupado o que estoy perdiendo las riendas de mi vida, vuelvo a utilizar este sencillo, pero efectivo *Diario de las dos preguntas*. Es una ayuda inestimable para identificar por dónde puedo empezar a vaciar mi taza.

Diez ideas simples para crear espacio en tu vida hoy mismo

No soy partidario de dar recetas, pero estas diez sugerencias son ideas de las que puedes echar mano para disminuir la sobrecarga y el ruido de tu vida diaria.

1. Ordena tu armario.
2. Bloquea una semana en tu calendario bajo el lema: «Vacaciones personales».
3. Vacía la bandeja de entrada de tu email.
4. Dedica dos horas de la tarde de domingo a pasear sólo con tus pensamientos (*pon antes el teléfono móvil en modo avión*).
5. No añadas nada nuevo a tu lista de cosas que hacer hasta que esté limpia.
6. Escribe todos tus objetivos de año nuevo de forma que eliminen complejidad de tu vida, en vez de aña-

dirla. Por ejemplo: en lugar de «me voy a poner a dieta» escribe «voy a dejar de comer dulces».

7. Regala los aparatos electrónicos y utensilios de cocina que llevas años sin usar.

8. Crea en tu casa un rincón analógico o incluso una habitación, si te lo puedes permitir. Cuando estés allí descansando, sólo podrás realizar actividades que no requieran el uso de dispositivos electrónicos. En tu rincón analógico puedes leer, meditar, dibujar o pintar, hablar con tus seres queridos, jugar a juegos de mesa…

9. Libera tiempo en tu calendario. Bloquea varias horas cada día o cada semana bajo el lema: «Tiempo personal». Cuando llegue ese tiempo, dedícalo a lo que más te apetezca hacer.

10. Respira hondo tres veces, cierra los ojos y visualiza tus tres mejores momentos de la última semana. ¡Da las gracias y sonríe!

Herramienta para crear espacio - La nube del *wabi sabi*

Si te sientes abrumado por todos tus quehaceres, y el estrés es un fiel compañero de tu vida diaria, concédete una pausa. Prepara una taza de té y ponte a escribir en tu diario o en una hoja blanca.

Utiliza esta nube del *wabi sabi* para inspirarte. Empieza la primera frase con una de estas palabras y deja correr tu imaginación para expresar tus preocupaciones, ilusiones y planes de futuro.

PÍLDORA PARA MEDITAR

*Vagar por el templo,
sentarte en un banco en el jardín,
caminar por la playa,
contemplar el horizonte apoyado en una roca,
tumbarte en el suelo,
el cielo estrellado que llena tus pupilas,
las caricias de una persona amada,
risas compartidas,
una idea repentina,*

*momentos simples y puros
que no cuestan dinero.*

4

La escuela del minimalismo

La simplicidad es la máxima sofisticación.

Leonardo da Vinci

Durante los años que residí en Tokio, me dejé llevar por las tentaciones de la vida en la gran ciudad. Pagaba un alquiler desorbitado en Aoyama por vivir en un apartamento a tan sólo diez minutos en metro hasta la oficina de mi agente.

Cada año ganaba más dinero, y comencé a comprar todo lo que deseaba sin límite alguno. Me gasté los ahorros de varios años en un piano de cola Steinway –pensaba que así tocaría mejor–, acumulé todo tipo de cacharros para la cocina –creía que así cocinaría más en casa–, comencé a coleccionar boles *raku* –creía que así impresionaría a mis amigos artistas cuando me visitaran–, compré un televisor enorme de última generación y un sofá de piel –mis amigos decían que así ligaría más–, compré un ordenador último modelo con una pantalla gigante –así escribiría más y mejor–, y tenía tanta ropa que al final no había espacio en el armario…

¡Estaba tan equivocado y confundido! Poco a poco me di cuenta de la locura que es acumular cosas que realmente no necesitamos. Más que hacerme feliz, mis posesiones se transformaron en un peso para mi alma.

Todo salió al revés de lo planeado.

El piano Steinway me imponía tanto respeto que aquellos años toqué menos que nunca. La cocina apenas la tuve que limpiar porque siempre comía en restaurantes –Tokio es el paraíso de la comida–, lo único que tenía que hacer era limpiar el polvo de los cacharros que había comprado. La televisión gigante acabó absorbiendo mi tiempo libre como si fuera un vórtice. El ordenador no hizo que escribiera mejor y tener tanta ropa en el armario me confundía por las mañanas, cuando no sabía qué elegir para vestirme.

Todas mis adquisiciones fueron elecciones equivocadas que se basaron en dos creencias:

a) Si tengo más cosas y más nuevas, todo irá mejor.
b) Si tengo todo esto, los demás me otorgarán más valor.

¿Qué has comprado últimamente basándote en una de estas dos creencias?

Cuando me di cuenta de que estos dos modelos mentales falaces controlaban mis decisiones, decidí deshacerme de casi todas mis posesiones, lo cual, en última instancia, me llevó a mudarme y a dejar mi vida tokiota atrás.

La hora del minimalismo

Pronto me di cuenta de que mi amor por el arte y por el *wabi sabi* me había indicado siempre el camino correcto. Lo único que sucedía era que, absorbido por el estrés de la vida de la ciudad, yo lo había ignorado.

Daisetsu T. Suzuki (1871-1966) definió el término *wabi* con las siguientes palabras: «*Wabi* es estar satisfecho con una pequeña cabaña, con dos a tres tatamis, un plato de verdura recolectada en los campos de alrededor, y quizás poder escuchar las gotas de la lluvia de primavera golpeando en el techo…».

Wabi sabi es simplicidad y minimalismo.

Para vivir en armonía con el *wabi sabi,* debemos poseer sólo aquello realmente esencial para nosotros. Y para saber si algo es esencial o no, podemos hacernos estas dos preguntas:

1. ¿Es algo que realmente necesito y deseo con todo mi corazón?
2. ¿No será mi ego el que lo desea porque siente que así va a ser mejor en algo o va a complacer a otras personas?

No hace falta que te deshagas de todo lo no esencial de repente. Empieza poco a poco, según te sientas cómodo. Simplemente plantéate estas dos preguntas de forma rutinaria y comenzarás a notar cambios en tu estilo de vida.

Aunque os confieso que hay una tercera pregunta que también me hago: ¿Es algo tan bello que verlo cada día hará de mi experiencia de vivir algo más plena?

Decía el arquitecto y diseñador William Morris: *No tengas nada en casa que no sepas que es útil o creas que es bello.*

Como es afuera, es adentro

Hay dos razones por las que somos reacios a tirar cosas:

- Te dices que quizás sea algo útil en el futuro, que podrás aprovechar y así ahorrar dinero.
- Tiene valor sentimental para ti, lo vinculas a momentos de felicidad.

Esta última es una razón muy común por la que tendemos a acumular, ya que este hábito suele tener un componente emocional.

Cuando la acumulación de objetos se entremezcla peligrosamente con nuestras emociones, ello habla de nuestro estado mental. Una habitación atestada de objetos y hecha un desastre es una manifestación de la situación emocional de la persona que vive en ella.

Hace miles de años, el maestro hermético Hermes Trismegisto ya decía: *Como es afuera, es adentro.* Pero la buena noticia es que si el desorden de afuera es una expresión del desorden interior, al ponerle remedio estaremos resolviendo nuestro caos más profundo.

Limpia tu habitación y de inmediato te sentirás mejor y con ganas de hacer cosas productivas.

Puedes ponerte en marcha con estas sencillas medidas:

- Tira diez objetos que llevas más de un año sin usar.
- Elige un rincón de tu casa y haz que sea lo más bello de tu hogar.
- Valora y agradece lo que ya tienes, sin necesidad de incorporar nada más.

Sobre esto último, decía Lao-Tse: *Conténtate con lo que tienes; regocíjate en cómo son las cosas. Cuando te das cuenta de que no te falta nada, el mundo entero es tuyo.*

Una vida minimalista puede llevarte a ese estado. Para ayudarte a conseguirlo, si quieres ir más allá de una simple limpieza y que el camino del *wabi sabi* lleve tu vida a un estado emocional más liviano, puedes comenzar a aplicar el *danshari* a tu vida.

Danshari (断捨離) – **El arte de deshacerse de lo no esencial**

Ésta es una de esas palabras japonesas imposibles de traducir. Se escribe 断捨離 y cada uno de sus tres caracteres significan: *dan* 断 «rechazar», *sha* 捨 «tirar» y *ri* 離 «separar».

El *danshari* es la filosofía que nos motiva a deshacernos de las posesiones que ya no necesitamos. Muchas veces, lo que acumulamos en vez de darnos felicidad se convierte en un lastre.

Porque cuanto más tenemos, más hay que mantener, proteger y cuidar.

Para aplicar el *danshari* 断捨離 a nuestra vida cotidiana, podemos seguir los pasos que nos dan los tres caracteres que componen la palabra:

1. *dan* 断 rechazar: es el primer paso del *danshari* y requiere que escojas aquello que estés dispuesto a rechazar de tu vida.
2. *sha* 捨 tirar: el segundo paso del *danshari* consiste simplemente en tirar, o también puedes regalar, donar o reciclar lo que elegiste en el primer paso.
3. 離 separar: es el tercer paso, y se trata de la separación metafórica de tus emociones hacia los objetos que retiraste de tu vida.

El *danshari* no impone una forma o técnica concreta para deshacerte de las cosas. Te da libertad para librarte de aquello que ya no necesitas según te sientas más cómodo.

Marie Kondo propone aplicar el *danshari* de golpe. Es decir: dedica uno o dos días a eliminar absolutamente todo lo que no necesites. Yo prefiero ir paso a paso. Un día me ocupo de un armario, otro de una habitación, y así sucesivamente.

Tanto si sigues la técnica de Marie Kondo como si prefieres ir más despacio, lo importante es aplicar el *danshari* de forma coherente.

El primer paso, *dan* 断 rechazar, es el más difícil de aplicar. Confieso que al principio notaba una gran resistencia a la hora de elegir.

Una técnica que a mi me sirvió fue meter las cosas que no estaba seguro de necesitar en una caja con la etiqueta «dudando», y si al cabo de seis meses no la había abierto podía proceder con los pasos *sha* 捨 y *ri* 離.

Después de años aplicando el *danshari,* cada vez me siento más fuerte y libre. Yo tengo el poder de deshacerme de cualquier cosa, en vez de ser los objetos los que me poseen a mí.

Soy más feliz y, aunque suene contradictorio, más rico.

Vivir acorde con el *wabi sabi* no significa que tengas que deshacerte de absolutamente todo. Sigue poseyendo aquello que te haga sentir feliz y confortable y tira sólo aquello que no te aporte nada.

Lo importante es eliminar distracciones innecesarias para poder admirar el paisaje de tu vida.

Decía el filósofo norteamericano Henry David Thoreau que *Una persona es rica en proporción con el número de cosas que puede permitirse dejar.*

Minimalismo y simplicidad

Para lograr una vida realmente simple y orgánica, en consonancia con el *wabi sabi*, necesitas cambiar tu mentalidad para eliminar el ruido del mundo que te rodea.

La sociedad actual cada vez pone más presión en nosotros, ofreciendo más productos, más cosas nuevas que aprender, más series de TV, videojuegos y películas…, todas ellas a nuestro alcance, en nuestros bolsillos a través de nuestros *smartphones*.

De algún modo, esta forma de vivir nos hace sentir siempre insuficientes. Nos empuja a acumular más cosas materiales y también más éxitos. Aunque ya tengamos un buen trabajo y hayamos terminado nuestros estudios, se supone que tenemos que seguir con másteres ejecutivos para encontrar cada vez trabajos «mejores».

El *wabi sabi* es lo contrario a todo esto. Supone aceptar lo que somos y tenemos ahora, ni más ni menos, querernos a nosotros mismos tal y como somos.

El *wabi sabi* nos invita a crear espacio vacío en nuestra vida en vez de añadir más y más. De este modo, en vez de perseguir objetivos creados artificialmente por la sociedad de consumo, ese nuevo espacio vacío se irá llenando sólo de lo bello y esencial, y no de ruido y de presiones que nos causan estrés.

Pero ¿cómo evitar caer en la carrera del éxito, de querer más y mejores posesiones?

Desde hace un tiempo, lo que yo hago es crear barreras. En vez de añadir más a mi vida o de exponerme a las tentaciones, tomo medidas que me protegen, eliminando lo innecesario.

Si eliminas toda la montaña de lo que no necesitas, tal vez encuentres un diamante en el centro.

Barreras para lograr el minimalismo digital

- Crea un día a la semana analógico –por ejemplo el domingo– en el que no puedas utilizar ningún aparato digital.
- Desactiva todas las notificaciones de tu *smartphone*, excepto las que estén relacionadas con tus seres queridos.
- Elimina todas las aplicaciones de tu *smartphone* que sean interminables. ¿A qué me refiero con *interminables*? Por ejemplo, cualquier aplicación de redes

sociales en las que puedes hacer *scroll* hacia abajo sin parar nunca.

Barreras para lograr el minimalismo informativo

- Elimina las noticias de tu vida o dosifícalas de forma estricta. Al igual que no deseamos ingerir comida que siente mal a nuestro cuerpo, debemos vigilar con la información que procuramos a nuestra mente.
- Elimina el entretenimiento basura. Elige bien las series, películas y libros de los que te alimentas. No abuses de los videojuegos. Lo que consume tu mente tiene el poder de cambiarte como persona.

Barreras para lograr el minimalismo en tu dieta

- En vez de sentirte atrapado en la infinitud de reglas complicadas de una dieta «moderna», come un poco de todo pero con moderación. Yo sigo el principio del *hara hachi bu*, que significa: cuando estés lleno al 80 %, deja de comer.
- Practica el ayuno intermitente. Por ejemplo, puedes empezar comiendo sólo entre las 10:00 y las 21:00. Fuera de esas horas, nada. O si te sientes valiente, puedes probar con una ventana para comer limitada entre las 12:00 y las 19:00, sin comer absolutamente nada antes ni después.

Barreras para lograr el minimalismo social

- Elimina las relaciones que no sean nutritivas. Frecuenta a personas con las que tengas un 100 % de confianza, lo cual es el signo de la auténtica amistad.
- Toma conciencia de que «eres el promedio de las cinco personas con las que pasas más tiempo», como decía Jim Rohn. Por lo tanto, a través de tus relaciones decides quién quieres ser.
- Habla menos y escucha con más atención a los demás.

Barreras para lograr un ejercicio minimalista

- Elige cinco ejercicios para mantenerte en forma y repítelos uno tras otro durante 20 minutos todos los días. No te dejes confundir por programas complicados, con decenas de posiciones diferentes. Lo importante es ser constante diariamente.
- Si necesitas un programa más estructurado, puedes aplicar la rutina del Radio Taisho, utilizada por millones de japoneses para tonificar su cuerpo cada mañana.

Barreras para lograr el minimalismo en tu calendario

- Bloquea ahora mismo una o dos semanas en tu calendario. Cuando lleguen esas dos semanas, disfruta de cada día decidiendo con libertad qué hacer cada uno de esos días al despertarte por la mañana.

- Mientras no lleguen esas vacaciones, bloquea al menos una hora al día para ti mismo, pero sin fijar a qué dedicarás esa hora concretamente.

Barreras para lograr el minimalismo en los viajes

- Cuando vayas de vacaciones, decide un lugar y una fecha, y limítate a reservar la forma de desplazarte y el alojamiento. Deja que el resto se decida por tu intuición según vayas descubriendo la zona en la que estés viajando.
- No dejes que una agencia de viajes o un tour te atrape en un horario más estresante incluso que cuando estás trabajando.

Barreras para lograr el minimalismo de objetos

- No compres absolutamente nada nuevo durante tres meses (a excepción de la comida, claro).
- Dedica dos días a elegir todos los objetos de tu casa que hace años que no utilizas. Ponlos en cajas y véndelos o dónalos.
- Repara aquello que te gusta, pero hace tiempo que no has podido usar.

Barreras para lograr el minimalismo en las finanzas

- No te dejes convencer por propuestas de bancos u otras entidades que te sugieren instrumentos financieros difíciles de entender. Decide una cantidad mensual que quieres ahorrar y transfiérela a una cuenta aparte de ahorros.
- Limita tus pequeños gastos del día a día, porque tienen una enorme incidencia en tu presupuesto anual.

No hace falta que apliques de golpe todas estas barreras que acabo de enumerar, sería un estrés contraproducente. Ve procediendo paulatinamente para introducir minimalismo en tu vida.

Enseguida que empieces a usar algunas de ellas notarás grandes cambios. Puedes adaptarlas y crear tus propias barreras para minimizar el ruido en tu vida.

PÍLDORA PARA MEDITAR

Me siento en una roca frente al mar.
La brisa acaricia mis mejillas
y me habla en un lenguaje secreto
que comprendo sin poder explicar.
Respiro y sé, por fin,
que no necesito nada más.

5

Espiritualidad *wabi sabi*

La felicidad es tu naturaleza.
No hay nada malo en desearla.
Lo malo es buscarla fuera
cuando está dentro.

Sri Ramana Maharshi

Asumir la belleza de lo imperfecto en la vida cotidiana tiene repercusiones más allá de cambiar nuestra visión del arte, de la creatividad e incluso de nuestros hábitos.

Comprender la esencia del *wabi sabi* nos lleva a afrontar la existencia de otra manera, tanto desde fuera como desde dentro. Es una filosofía y una forma de entender la vida que nos ayuda a disolver nuestro ego a la vez que nos otorga una mirada más profunda sobre el mundo y sobre nosotros mismos.

Abrazar esta espiritualidad que late en la naturaleza supone una transformación personal, una muerte de lo que pensábamos que conocíamos para renacer en otro estado de conciencia.

Espero que mueras pronto

Es interesante ver cómo la versión moderna del *advaita*, la rama no dualista del hinduismo sobre la unidad entre el alma humana y la divinidad, se desarrolló en una ciudad tan materialista como Londres.

En su libro *Lo que es*, el periodista británico Tony Parsons explica cómo experimentó el despertar durante un sencillo paseo:

Caminaba un día por un parque en un suburbio de Londres, cuando me di cuenta de que mi mente estaba totalmente ocupada con las expectativas sobre eventos futuros que podrían o no suceder. Decidí dejar ir esas proyecciones y, simplemente, estar con mi caminar. Me di cuenta de que cada paso era totalmente único en la sensación y en la presión, y que estaba allí un momento y al siguiente se iba, nunca se repetía de la misma manera.

Mientras sucedía todo esto, se produjo una transición de mí viéndome caminar a la simple presencia del caminar. Lo que sucedió entonces está más allá de cualquier descripción. Sólo puedo decir, de forma imprecisa, que la quietud total y la presencia parecían descender sobre todas las cosas. Todo se hizo intemporal y yo ya no existía. Desaparecí y ya no había un experimentador.

Tras esta vivencia, Tony Parsons empezó a promover debates sobre la no dualidad los sábados por la tarde en Hampstead, un barrio acomodado de Londres.

Uno de los discípulos, Richard Sylvester, que *despertó* repentinamente en una estación de tren, inició de hecho su camino espiritual a partir de una frase que le dijo Tony Parsons en uno de aquellos encuentros informales, que a menudo empezaban en un paseo y acababan en el pub tomando algo:

Richard Sylvester lo explica así:

Érase una vez que yo era un buscador ocupado, meditando sinceramente, teniendo cuidado con mi karma, recibiendo shaktipat, con mis chakras abiertos y purificados por gurús benditos, pensando que iba a algún lugar. Entonces la catástrofe me golpeó. Conocí a Tony Parsons. Y ése fue el final de lo que pensé que había sido mi vida. Tony, quien me abrazó al final de una de sus reuniones, me dijo: «Espero que mueras pronto».

Éste fue justamente el título que Sylvester decidió poner a su libro, en el que explica que la liberación espiritual no es una ganancia, sino una pérdida. Dejar de creer que estás al mando, de que eres algo separado de la vida que te rodea:

Cuando se ve que no hay separación, el sentimiento de miedo y vulnerabilidad que el individuo acarrea consigo desaparece y entonces la vida es, simplemente, vivida y uno se halla completamente relajado. Nace una sensación de complacencia con cualquier cosa que sucede y desaparece el anhelo de lo que podría ser.

Del mismo modo que los modernos *advaitas*, penetrar en el sentido profundo del *wabi sabi* nos permite soltar nuestro deseo de perfección y control. Renunciamos a cualquier certeza sobre la vida, pero al contrario de esta filosofía de origen hindú, sigue habiendo un observador. Un observador que tiene tres motivos de celebración:

1. La celebración diaria de lo imperfecto

Abandonamos la idea de que las cosas deben ser de cierto modo. Si en la naturaleza todo es curvo, irregular y torcido, los seres humanos participamos de esa misma condición, lo cual no significa complacencia ni conformismo, sino amor por *lo que es* y desarrollo a partir de ahí.

Gracias a este enfoque podemos valorar que:

- Las cosas no salgan bien a la primera, porque eso nos da la oportunidad de aprender y progresar.
- En la rareza, en el error, en la singularidad está la belleza que nos despierta a la vida.
- Amar nuestras propias imperfecciones, además de ser un punto de partida para mejorar, nos permite amar las de los demás.
- La taza irregular o apedazada tiene, al igual que las personas con experiencia, bellas historias que contar.

Somos seres imperfectos en un mundo imperfecto pero, si sabemos ver la belleza que hay en ello, encontraremos valor en cada grieta o rugosidad de la vida.

2. La celebración diaria de lo incompleto

No somos incompletos porque seamos imperfectos, sino porque siempre estamos creciendo. Se dice que ningún gran novelista completa jamás su obra, simplemente la abandona para iniciar otro proyecto que tampoco logrará terminar.

El círculo *Ensō* nunca se cierra y no hemos venido al mundo a acabar nada, sino simplemente a vivir.

Gracias a la incompletitud de la existencia, podemos valorar que:

- La vida es un punto y seguido. Si no nos gusta lo que acabamos de vivir, si nos decepciona lo que hemos hecho, acto seguido tenemos una nueva oportunidad para hacerlo diferente o mejor.
- El último capítulo nunca está escrito. De hecho, puesto que la vida es siempre una obra inacabada, todo está por hacer.
- Venimos al mundo a «pasar curso», pero la escuela de la vida no se cierra nunca. La existencia es un aprendizaje continuo, y eso es lo que hace que tenga emoción y sentido.

Sabernos incompletos es una bendición, puesto que a la vez que nos aporta humildad nos señala por dónde podemos progresar.

3. La celebración diaria de lo efímero

Hemos visto suficientes muertes para entender que somos aves de paso pero, como decía Rabindranath Tagore, *Quizás no deje ningún rastro de alas en el aire, pero me alegro de haber tenido mi vuelo.*

Gracias a la conciencia de lo efímero, podemos valorar que:

- Este momento podría ser el último, por lo que nos entregamos a vivirlo con la máxima intensidad.
- Las personas que nos acompañan no estarán siempre ahí, como no lo estaremos nosotros. Por lo tanto, debemos aprovechar cada encuentro como si fuera único, como reza la máxima *Ichigo-ichie:* «Nada de lo que estamos viviendo se volverá a repetir».
- Nuestro tiempo es lo más preciado que tenemos. Si, como dice una ley del marketing, «la escasez crea valor», no hay nada más escaso y valioso que un minuto. Si lo pierdes, ya no podrás recuperarlo.

Somos efímeros, pero si sabemos apreciar lo que nos ofrece el instante, ese instante contiene la eternidad.

Epílogo

Sé la mejor persona imperfecta posible

Mientras escribo la última página de este viaje íntimo por la belleza de lo imperfecto, observo a Tama dormido al pie de la chimenea. Me fascina la absoluta presencia de este gato sobre el suelo de madera. Mi compañero de casa vive en un presente interminable.

A través de la ventana, los árboles de otoño, que se desnudan lentamente, me hacen pensar en mi propia existencia. En lo pasajera y maravillosa que es la vida.

Sobre la mesa descansa mi último haiku:

Doy un paso, y luego otro paso,
¿qué me encontraré en el siguiente trecho?
¿dónde se encuentra el final?

Afortunadamente no lo sabemos. Lo bueno de la incertidumbre es que todo es posible. Una vez asumes que no controlas nada, que el mundo cambia y evoluciona siguiendo un misterioso guion, dejas de preocuparte. Y disfrutas de la aventura.

Aceptar nuestras imperfecciones no es una excusa para caer en el conformismo y quedarnos parados. Cada día debemos dar un paso adelante para *ser la mejor persona imperfecta posible*.

Aquí en Japón, los terremotos, tsunamis, tifones y otros desastres naturales nos recuerdan cada cierto tiempo que nada es para siempre. Ver las cosas a través de las lentes del *wabi sabi*, sabiendo que todo es efímero, imperfecto e incompleto, te ayudará a ser feliz aceptando las vicisitudes de la vida, relativizando el dolor cuando las cosas no salgan como habías previsto.

Sólo tienes tres cosas seguras: un cuerpo, una mente y un tiempo limitado en el planeta Tierra. Cocina con estos ingredientes la mejor receta que puedas para tu vida, que es única y sólo tuya: Nadie más podrá saborearla, ¡sólo tú!

Atrévete a ser feliz en medio de la incertidumbre.

Si vives tu existencia siguiendo el misterioso compás de la naturaleza, con flexibilidad y sin expectativas, lo mejor siempre estará por llegar.

Bibliografía

ACKERMAN, DIANE: *Dawn Light: Dancing with Cranes and Other Ways to Start the Day*, W. W. Norton & Company, 2010.

BROWN, BRENÉ: *The Gifts of Imperfection*, Hazelden Publishing, 2010.

CAMPBELL, JOSEPH: *The Hero with a Thousand Faces*, New World Library, 2008.

DAVEY, H. E.: *The Japanese Way of the Artist*, Michi Publishing, 2015.

KAFKA, FRANZ: *The diaries of Franz Kafka (1910-1923)*, The Schocken Kafka Library, 1988.

KENKŌ & CHŌMEI: *Essays in Idleness and Hojoki*, Penguin, 2014.

MIRALLES, FRANCESC: *Wabi Sabi*, Alma Books, 2017.

MISHIMA, YUKIO: *Confessions of a Mask*, New Directions, 1958.

ODIN, STEVE: *Tragic Beauty in Whitehead and Japanese Aesthetics*, Lexington Books, 2016.

PARSONS, TONY: *As it is*, Inner Directions, 2000.

Soetsu, Yanagi: *The Unknown Craftsman: A Japanese Insight into Beauty Paperback*, Kodansha International, 2013.

Sylvester, Richard: *I hope you die soon*, Non-Duality, 2006.

Tanizaki, Junichiro: *In Praise of Shadows,* Leete's Island Books, 1977.

Thoreau, Henry David: *Walden,* Flame Tree, 2020.

Índice